로마서 강해

Romans

로마서 3-4장

로마서 강해

김병훈

개혁된실천사

로마서 강해 2

지은이 김병훈
펴낸이 김종진
편집   김예담
초판 발행 2023. 11. 1.
등록번호 제2018-000357호
등록된 곳 서울특별시 강남구 선릉로107길 15, 202호
발행처 개혁된실천사
전화번호 02)6052-9696
이메일 mail@dailylearning.co.kr
웹사이트 www.dailylearning.co.kr

책값은 뒤표지에 있습니다.
ISBN 979-11-89697-51-8 03230

차례

로마서 연속 설교 서문

지극히 아름답고 영광스러운 하나님의 말씀 계시인 로마서를 읽고 그리스도의 교회에서 교인들에게 설교한다는 것은 실로 영광스러운 일입니다. 아마 강단에서 설교의 사역을 맡은 사람이라면 누구라도 로마서 강해설교를 꿈꾸어 볼 일이지 않겠나 생각합니다.

　로마서는 신구약 성경 전체를 조망하는 관점을 열어주며, 구속사의 관점에서 구원론에 관한 가르침은 물론, 기독론, 계시론, 인간론 그리고 예정론을 포함하는 신론을 담고 있는 광대한 신학을 열어 보여줍니다. 이것뿐이 아닙니다. 로마서는 지극히 실천적인 교회론을 제시하는 목회 서신의 성격을 또한 아름답게 보여줍니다. 아울러 성경신학적 관점에서 구약을 읽는 신약의 해석적 원리와 방향을 규정하며, 그러한 의미에서 성경해석학의 정당한 기준을 제시합니다. 예를 들어 믿음으로 죄인이 의인의 신분을 얻는다는 이신칭의의 교리에 대한 성경적 근거가 어떠한지를 밝히는 구약성경의 해석적 토대를 세워줍니다. 이러한 해석적 지침은 그리스도의 복음의 정수를 결정하는 성경의 교훈이 무엇인가에 대한 신학 토론을 매듭짓는 최종적인 권위입니다. 이러한 로마서의 권위는 로마서를 교회에서 설교하여야 할 충분한 이유를 밝혀줍니다.

로마서가 복음을 영광스럽게 규명하는 영광스러운 하나님의 계시라는 객관적 권위의 성격에도 불구하고, 로마서를 교회에서 설교하는 것은 참으로 어려운 과업입니다. 로마서를 학습하는 일뿐만 아니라, 이것을 설교의 형태로 전달하는 일은 많은 학습 노력과 전달 기술을 요구합니다. 뿐만 아니라 로마서의 깊은 신학과 교훈을 설교의 방식을 통해 회중에게 전달하는 일은 이것을 듣는 회중의 집중과 인내를 또한 요구합니다. 로마서 설교의 영광스러움 때문에 로마서를 들었다가도, 작업의 지난함 때문에 몇 번이고 망설인 것은 이러한 이유 때문입니다.

선하신 하나님의 은혜로 나그네 교회가 설립되면서 모든 설교를 가급적 성경 강해로 한다는 기본 원칙을 세우고 이에 따라 성경책을 선택하는 가운데 감히 로마서를 포함하여 살피기로 결심하였습니다. 앞서 말한 어려움을 잘 알면서도, 오직 한 가지 바람 때문이었습니다. 그것은 나그네 교회가 이처럼 소중한 로마서의 교훈을 듣고, 복음을 균형 있게 깨닫고, 복음적 진리와 사랑 가운데 바로 서는 교회가 되었으면 하는 바람이었습니다. 설교의 책임을 맡은 설교자도 로마서를 학습하며 복음 앞에 바르게 서고, 회중들도 들으며 바로 서는 복된 은혜를 구하며, 설립된 교회를 선히 함께 이루기를 바라는 바람이 간절했습니다.

나그네 교회의 로마서 설교는 2016년 1월 6일부터 2018년 1월 31일 사이에 수요기도회에서 65회에 걸쳐 로마서 11장까지 행하여졌으며, 이후 2018년 3월 11일부터 2018년 9월 2일 사이에 주일 오전 예배 설교를 통해 로마서 16장 마지막까지 13회에 걸쳐 행하여진 것입니다. 로마서의 설교를 정한 순서에 따라 다 마친 후에, 어쩌다 필요에 의해 다시 간추린 형태로 된 설교 노트를 보면, 부족한 부분이 눈에 훤히 들어옴으로 인해 아쉬운 마음뿐입니다. 그럼에도 설교자에게 로마서 설교의 한 예를 보여드리는 데 도움이 되고자 하는 오직 한 가지 목적에 의미를 두고 이렇게 책으로 출판하기에 이르렀습니다.

　　이 책은 로마서를 주석한 책이 아닙니다. 그런 만큼 신약학자의 노력에 비할 바가 못 됩니다. 또한 이 책은 설교집이기는 하지만 감동적으로 복음을 풀어내는 설교와 비교할 바가 못 됩니다. 책의 성격은 일반적인 설교에 비해 강의를 담고 있다고 평가가 될 수도 있겠습니다. 분명히 이 책에 실린 글은 모두 실제 교회에서 설교한 그대로입니다. 하지만 어떤 이들은 이 설교들이 마치 강의를 전달한 것과 같다는 반응을 보이신 분도 계셨습니다. 설교학자의 평가는 어떠할는지 모르지만, 나그네 교회 회중들에게 전하였던 설교이므로, 부족한 것은 두말할 필요가 없을지라도 이 책이 설교집인 것은 분명합니다. 아무쪼록 로마서 설교를 하고자 하는 분에게 하나의 사례가 되기를 바랄 뿐입니다. 개인적으로는 조직신학을 (아주 조금뿐이지만) 공부하는 사람으로 로마서 설교를 진행하면서 개혁신학의 교리와 성경의 주해가 만나는 진리 발견과 복음 이해의 큰 기쁨을 누려왔습니다. 이러한 기쁨이 이 책을 통해서 로마서 설교를 읽고자 하는 분들에게 전달될 수 있기를 바랍니다.

이 책을 출판하면서 감사를 드릴 분들이 많습니다. 먼저는 출판을 격려해주신 존경하며 사랑하는 나그네 교회 교우 여러분, 당회와 제직회원들, 원고를 정리하는 데 수고해준 교우들, 그리고 끝으로 편집과 출간을 위해 수고해준 개혁된실천사 관계자분들에게 감사드립니다.

오직 하나님께만 영광이 있기를 바라며, 하나님의 크신 긍휼과 도우심의 은혜를 찬송합니다.

로마서 3-4장 서문

본권에 실린 설교는 2016년 4월 6일부터 8월 3일까지 11번에 걸쳐서 수요일 밤에 로마서 3장과 4장을 설교한 것입니다.

로마서 3-4장은 율법의 의와 그리스도의 의를 뚜렷하게 대조합니다. 이러한 가운데 지극히 보배로운 이신칭의 교리를 확정합니다. 3장은 2장의 논의를 이어 나가면서 율법을 맡은 유대인이 이방인보다 나은 것이 무엇인가에 대한 교훈으로 시작합니다. 만일 유대인도 이방인과 같이 결국 죄인일 뿐이므로 율법의 행위로는 구원에 이를 수가 없으며, 유대인이 자랑하는 육신의 할례가 아니라 마음의 할례를 받지 않으면 율법도 소용이 없다는 것을 선언합니다. 그러므로 하나님께서 율법의 행위를 의지하는 유대인을 의롭다 하지 않으시고 심판하시는 일은 공의롭다는 진리를 풀어냅니다. 요컨대 율법의 행위로는 누구도 의롭다 하심을 받지 못함을 선언합니다. 그런 후에 아무도 이루었다 할 수 없는 율법의 의로는 의로움을 주장할 수 없으며, 이제 오직 율법 외에 믿는 자에게 주시는 하나님의 한 의, 곧 그리스도의 의로만 의롭다 함을 받는다는 교리, 곧 이신칭의 교리를 계시합니다. 유대인이나 헬라인이나 모든 죄인은 마침내 오직 그리스도를 믿어 그분의 의를 받음으로써만 의롭다 함을 받는 것입니다. 이 교리를 제시함에 이른 로마서는 3장 끝에서 이신칭의 교리가 결코 율법을 폐하는 것이 아니라 도리어 율법을 세우는 원리라는 사실을 제시합니다.

4장은 3장에서 확립된 이신칭의 교리를 구약성경의 사례를 통해 자세히 풀어줍니다. 특별히 아브라함이 하나님을 믿으매 하나님이 그 믿음을 의로 여기신 창세기 15장의 사건을 통해 믿음으로 의롭다 함을 받는 교리가 이미 아브라함 때부터 계시된 것임을 확정합니다. 이어서 다윗의 사례를 들어 논증을 강화합니다. 즉, 시편 32편에서 다윗이 "일한 것이 없이 하나님께 의로 여기심"을 받은 자의 복에 대하여 이미 고백하고 찬양하였음을 지목합니다. 이 복은 죄인의 불법이 사함을 받고 그 죄가 가리어짐을 받는 복을 가리킵니다. 아브라함의 사례는 이 복이 할례와 상관없이 주어지는 것임을 보여줌을 교훈합니다.

결론적으로 로마서 3-4장은 이신칭의를 교훈하는 3장 21-26절을 둘러싸고, 앞에서는 유대인의 율법의 한계를, 뒤에서는 아브라함과 다윗의 경우를 들어 이신칭의 교리를 논증합니다. 이러한 구조를 통해서 이신칭의 교리가 아브라함 때로부터 이미 이스라엘에 계시하신 구원의 은혜임을 교훈합니다. 로마서의 이 핵심적인 교훈이 본권을 통해 잘 전달되기를 간절히 바랍니다.

12. 유대인의 나음

그런즉 유대인의 나음이 무엇이며 할례의 유익이 무엇이냐. 범사에 많

으니 우선은 그들이 하나님의 말씀을 맡았음이니라. 로마서 3:1-2

유대인들을 향한 바울의 논증

지금까지 바울 사도는 유대인들이 하나님 나라 백성의 지위를 장담하고 확신할 수 없는 두 가지 이유를 논증했습니다. 특히 2장에 그 내용이 구체적으로 나오는데, 첫 번째는 로마서 2장 17-18절에서 볼 수 있듯이 유대인들이 "나는 율법을 의지하고, 하나님을 자랑한다. 나는 하나님의 교훈을 받은 자다. 따라서 나는 하나님의 뜻을 알고 지극히 선한 것을 분별할 수 있다"라고 율법의 지식을 자랑하더라도 23절 말씀처럼 오히려 율법을 범해 하나님을 욕되게 하므로 하나님 나라 백성의 지위를 장담할 수 없다는 것입니다.

두 번째로 그들이 하나님 나라 백성의 지위를 주장할 수 없는 이유는 그들이 근거로 삼고 있는 할례에 대한 그들의 오해 때문입니다. 이어서 나오는 25절, "네가 율법을 행하면 할례가 유익하나 만일 율법을 범하면 네 할례는 무할례가 되느니라"라는 구절을 보면, 유대인이 할례를 근거로 "내가 하나님의 백성이요"라고 주장해도 아무 소용이 없다고 합니다. 왜냐하면 율법을 범하면서 할례의 의미를 주장해봐야 무익하고, 오히려 율법을 범하면 그 할례는 할례를 받지 못함과 같기 때문입니다. 결국 착각하지 말아야 할 것은 할례 자체가 하나님의 백성의 지위를 보장해주는 근거가 아니라는 점입니다.

할례는 육체에 행하는 외적인 표지에 불과한데, 그 외적인 표지는 실체인 마음의 할례를 통해서만 참된 의미를 갖습니다. 그러니까 육체의 할례는 자신이 죽어야 될 자라는 사실에 대한 처절한 고백을 담고 있는 것입니다. 할례는 내가 마땅히 죽을 자이고 본성상 부패하여 영원히 망할 자가 되었다는 사실을 고백하는 외적인 표지입니다. 그리고 그 고백은 오직 하나님의 긍휼만 바라는 간절한 마음을 담고 있어야 합니다.

외적인 표지가 하나님의 백성 된 신분을 가리키려면 할례를 받은 자는 그 상징적인 의미에 따라 하나님 나라의 백성으로 새로운 본성에 따라 사는 삶을 살아가야 합니다. 그렇지 않으면 그 할례는 무익한 것이 됩니다. 자신의 부패한 성품을 보지 못하고 외적인 할례의 표지만 붙들면서 "보라, 우리는 할례를 받은 자이니 이방인과 구별된 자요. 따라서 하나님의 자녀다"라고 말하는 것은 굉장히 터무니없는 말입니다. 외적인 할례에 가치를 부여하여 자신의 죄인 됨을 오히려 돌아보지 못한다면, 할례의 영적 무익성은 두말할 필요가 없는 것입니다. 그러므로 율법을 소유하고 있다는 것과 할례라는 상징성을 갖고 있다는 것, 이 두 가지는 유대인이 하나님 나라 백성의 참된 지위를 확신할 수 있는 근거가 될 수 없습니다. 우리는 앞에서 그에 대해 살펴보았습니다.

유대인들의 예상되는 반론

바울은 3장 1절부터 유대인들이 그의 논증에 대해 또 다른 반론을 제기할 것을 예상하고 세 가지 답변을 제시합니다. 그들의 첫 번째 반론은 1절에 나오는데 그 내용을 풀면 "그러면 도대체 우리가 무엇 때문에 할례를 받았는가? 할례 자체는 무슨 의미가 있는가? 아무 의미가 없는 것인가?"라는 말입니다. "아니, 하나님은 무엇 때문에 유대인을 구별해 불렀는가? 유대인도 별로 나을 게 없는 것인가?" 이런 반론이 나오는 것입니다.

두 번째 반론은 3절에 나옵니다. "어떤 자들이 믿지 아니하였으면 어찌하리요 그 믿지 아니함이 하나님의 미쁘심을 폐하겠느냐." 이말을 풀면 이런 내용입니다. "바울 당신의 말에 의하면 하나님의 미쁘심, 신실하심이 훼손된다. 우리를 주의 백성으로 불러내어 끝까지 그분의 백성으로 삼겠다고 약속하신 분이 하나님인데, 당신 말이 맞다면 결과적으로 우리는 하나님의 백성 된 자가 아니요, 할례도 무익한 것이요, 율법의 모든 지식을 소유하고 있는 것도 소용없는 것 아니냐? 그렇다면 결국 하나님의 약속의 신실함은 다 무너지는 것 아니냐? 당신 말은 우리를 책망하는 것에 그치는 것이 아니요, 하나님의 속성인 신실하심에 대한 훼방이요, 비판이다." 이러한 반론을 예상한 바울은 글을 쓰면서 "그들이 이렇게 물을지언정 그렇지 않다"라며 유대인들의 입을 다물게 합니다.

세 번째 반론은 7절에 나옵니다. "그러나 나의 거짓말로 하나님의 참되심이 더 풍성하여 그의 영광이 되었다면 어찌 내가 죄인처럼 심판을 받으리요." 이 말은 "그래, 그렇다 치자. 네 말대로 우리가 불의한 자요, 거짓말한 자요, 율법을 소유하였으나 그 지식을 다 행하지 않은 자라고 치자. 그러면 결국 우리가 죄를 짓고 불의한 것이 오히려 하나님의 의로움과 영광을 드러내는 도구로 사용된 셈이니까 우리에게 뭐라고 하시면 안 되는 것 아니냐?"라는 의미입니다. 체념하는 것 같지만 그럼에도 회개하는 것이 아니라 이렇게 변명하고 비방합니다. 이는 누구든지 자신이 죄인이라는 사실을 더 이상 변명할 수 없거나 막바지에 죗값으로 형벌을 받을 수밖에 없다는 사실에 다다랐을 때 내뱉는 말 중에 하나입니다.

만일 가룟 유다가 "내가 예수를 팔았으니 예수가 십자가에 죽은 것이고, 그래서 우리가 다 구원받는 일이 벌어진 거야"라고 한다면 그것은 궤변입니다. 자신의 죗값에 대한 책임을 부인하고 핑계 대는 것입니다. 실제로 어떤 이들은 "하나님의 비밀한 섭리 가운데 유다가 예수를 팔 자로 작정되었던 것 아닌가?"라는 생각을 합니다. 우리 모두의 인생에서 하나님의 작정을 벗어나는 일은 없기 때문입니다. 즉 하나님의 작정 속에 펼쳐지는 역사에는 선뿐 아니라 악도 있는데, 악인들의 존재와 행위 자체도 하나님의 작정 안에 있어야 발생할 수 있는 일입니다. 하나님의 작정에 없는 일이 발생하면 그가 하나님과 대등한 독립적 존재라는 의미이기 때문에 그 개념 자체는 있을 수 없는 것입니다. 그러니까 자기 행동에 대한 변명과 핑계를 하다가 마지막 코너에 몰리면 "하나님의 작정 속에 있었으니 내가 저지른 악한 일은 모두 내 책임이 아니라 하나님의 책임이다"라고 말하며 버티는 것입니다.

지금 본문에서 말하는 내용은 이 정도까지는 아니지만, 구속사적 맥락 안에서 사고의 원리는 같습니다. 여러분, 이러한 핑계가 정당할 수 있습니까? 그럴 수 있다고 생각하면 불신자입니다. 신자라면 그럴 수 없다고 생각해야 합니다. 신자는 절대로 그런 핑계를 댈 수 없다는 것을 압니다. 즉 신자라면, 죄를 지어놓고 그 죄가 하나님의 작정에 의한 것이니 죗값을 치러야 할 책임을 부인할 수 있다고는 절대 생각하지 않습니다. 모든 것이 우리는 알지 못하는, 무한한 높이와 깊이를 가진 하나님의 작정에 따라 이루어진 줄은 알지만, 신자는 자신이 범한 죗값을 하나님께 핑계 대며 죗값에 대한 자신의 책임을 부인하지 않습니다. 여러분의 죄를 그렇게 설명할 수 있습니까? 죗값을 덜어낼 수 있습니까? "사실 내가 지은 죗값의 50%는 내 몫이고, 50%는 하나님의 몫이야"라고 말할 수 있습니까? 그렇게 말한다면 불신자입니다. 그럴 수 없다는 것을 아는 것이 하나님의 은혜 앞에 있는 참된 신자의 고백입니다.

예상 반론에 대한 답변

이 문제를 살피려면 복잡한 신학 이야기를 다루어야 하는데 여기서는 특별히 1-2절에 나오는 부분을 보겠습니다. 빌립보서 3장 5절에서 바울은 자신을 "나는 팔일 만에 할례를 받고 이스라엘 족속이요 베냐민 지파요 히브리인 중의 히브리인이요 율법으로는 바리새인이요"라고 설명합니다. 바울이 그러한 사람들 가운데서 부르심을 받았기 때문에, 로마서에서 자신을 바리새인이요 히브리인이라고 주장하면서 유대인들이 자신들의 의에 갇혀서 자기들을 변호할 만한 모든 논리와 주장을 파헤칠 수 있는 것입니다. 낱낱이 다 아니까 하나씩 짚어내며 그들의 입을 다물게 합니다. 바울은 그들 가운데 누구보다 못지 않은 자요, 지식이 풍성한 자이기 때문에 얼마든지 그렇게 할 수 있었습니다.

바울이 유대인들이 할 만한 반박의 논리를 제시하며 다시 재반박하는데 그중 하나가 1-2절에 나옵니다.

> "그런즉 유대인의 나음이 무엇이며 할례의 유익이 무엇이냐. 범사에 많으니 우선은 그들이 하나님의 말씀을 맡았음이니라"(롬 3:1-2).

여기서 유대인들은 "유대인들 가운데 하나님 나라의 백성이 아닌 자들이 있다며 할례나 율법의 지식 그 자체가 구원받은 근거는 아니라고 하는데, 그렇다면 유대인이라서 나은 것이 도대체 무엇이냐?

할례의 유익은 도대체 무엇이냐? 이 모든 것은 다 의미가 없단 말이냐? 하나님이 아브라함과 모세를 불러 이스라엘 백성으로 삼으신 그 역사, 구약의 전 역사가 다 아무 의미가 없단 말이냐?"라고 바울에게 대듭니다.

하나님의 말씀을 맡음

하지만 그 반박에 대한 바울의 대답은 아주 간명했습니다. 2절 한 절로 요약됩니다. "범사에 많으니 우선은 그들이 하나님의 말씀을 맡았음이니라." 즉, 하나님의 특권이 있다는 것입니다. 유대인들이 "유대인이 나은 게 무엇이고 할례의 유익이 무엇이냐?"라고 악을 쓰니, 바울이 점잖게 한 걸음 물러나 비켜나듯이 말하는 것입니다. "아니야, 아니야. 유대인의 나음이 많지. 이 사람들아, 자네들이 받은 할례가 참 특권일세. 그런데 왜 아직도 말씀을 깨닫지 못하는가?" 사도 바울은 유대인이 받은 특권을 로마서 9장에서 낱낱이 나열합니다.

"나의 형제 곧 골육의 친척을 위하여 내 자신이 저주를 받아 그리스도에게서 끊어질지라도 원하는 바로라 그들은 이스라엘 사람이라 그들에게는 양자 됨과 영광과 언약들과 율법을 세우신 것과 예배와 약속들이 있고 조상들도 그들의 것이요 육신으로 하면 그리스도가 그들에게서 나셨으니 그는 만물 위에 계셔서 세세에 찬양을 받으실 하나님이시니라 아멘"(롬 9:3-5).

로마서 9장 3절에서 바울은 먼저 이스라엘 민족을 향한 아주 강렬한 사랑을 고백합니다. 그리고 4절에서 계속해서 말하기를, 그들은 양자 됨, 곧 하나님의 자녀로 입양된 자들이요. 하나님의 영광을 입은 거룩한 백성이란 영광을 받은 자들이요, 하나님의 구원과 은혜의 언약 가운데 그들이 있었고, 그들에게는 이방인에게 없는 율법이 주어졌으며, 하나님 앞에 참된 예배를 드릴 수 있는 모든 예배의 의식과 규정이 있고, 그들을 향한 하나님의 약속, 곧 가나안 땅의 약속과 지키고 보호해주시겠다는 약속이 있다고 합니다. 9장 4절은 그들이 가진 특권을 낱낱이 나열했지만 본문 3장에서는 이 모든 것을 한마디로 말합니다.

> "범사에 많으니 우선은 그들이 하나님의 말씀을 맡았음이니라"(2절).

"범사에 많으니 우선은"이란 말에서 '우선'은 여러 가지 뒤에 오는 것을 말할 때 '첫째'를 의미하지만 사실은 '가장 특별히, 특히'라는 뜻입니다. 따라서 그들의 특권은 하나님의 말씀을 맡은 것입니다. 하나님의 말씀을 맡았다는 사실은 9장 4절 전체를 포괄한다고 보면 됩니다.

하나님은 아브라함에게 "네 자손을 바다의 모래와 하늘의 별처럼 많게 할 것이고 네가 복의 근원이 될 것이며 네가 나를 믿으니 의롭다 여김을 받을 것이다"라는 약속을 하십니다. 그리고 가나안 땅을 지정하고 그 땅이 표상하는 하늘의 기업을 줄 것이라고 말씀하십니다. 아브라함은 믿음으로 하늘의 기업을 바라보고 이삭을 바치는 사건을 통해 하나님이 예비하신 속죄 양이 따로 있음을 알게 되고, 하나님 앞에 완전하게 의롭게 되라는 말씀 앞에 새롭게 되며, 할례를 통해 새 사람으로 살아가는 의미가 무엇인지 알게 됩니다. 따라서 아브라함은 믿음의 조상이요, 우리가 믿는 복음의 도리를 깨달았습니다.

또한 이삭은 야곱이 태어나는 과정 속에서 하나님의 선택적 은혜가 얼마나 큰지를 알게 됩니다. 그 모든 일이 있기 때문에 야곱은 바로 앞에 섰을 때 하나님의 정말 놀라운 섭리와 전체의 줄기를 담대하게 말할 수 있었던 것입니다. 그는 자기의 생애 가운데 집중적인 하나님의 손길의 흔적을 무섭게 체험한 사람입니다. 에서와 같이 쌍둥이로 태어났으나 자신에게 언약이 주어진 배경, 그 안에서 약속을 이루시는 하나님, 열두 아들을 주시고 그로써 열두 지파를 이루어 애굽에 오게 되었지만 때가 될 때 가나안 땅을 다시 주신다고 아브라함에게 약속하셨던 내용을 상기하면서 가나안 땅에 돌아갈 것을 확신합니다. 그래서 그는 자신의 장사를 가나안 땅에서 치르게 합니다. 가나안 땅을 통해 주시는 하늘의 기업을 바라보기 때문에 그것을 가르쳐 나가는 것입니다.

우리는 야곱을 통해 타락하고 부패하고 욕심 많은 한 사람이 연단과 시련을 겪고 은혜를 아는 자로 바뀌어 가는 신앙의 변모를 보게 됩니다. 야곱으로 완성된 이스라엘, 그 후에 모세의 출애굽 사건, 하나님의 언약을 성취해 가는 광야에서의 피의 언약, 제사 등은 하나님 나라가 이 땅에 어떻게 임하는지에 대한 전체적인 틀을 거시적으로 보여주고 그로써 훗날 오실 복음의 참된 약속까지 그림자처럼 드러냅니다. 이 모든 약속이 "너희가 말씀을 맡은 자라"는 말 속에 담긴 것입니다.

그리고 이렇게 말을 이어갑니다. "그것은 너희만을 위한 것이 아니요, 너희는 이 말씀을 맡은 자니 보존하고 전파할 책임이 있다. 이 복된 말씀을 받고도 그것의 유익을 받지 못하는 것은, 너희가 문제가 있는 사람임을 드러내는 것이니 스스로 책망하고 돌이켜야 마땅하지 않은가? 그런데 도리어 나에게 '무슨 유익이 있느냐?'고 논쟁하는 것이 합당한 일이겠느냐? 그렇지 않다."

하나님이 모세를 부르신 때가 약 3,500년 전입니다. B.C. 1,500년 즈음 되는데 그로부터 500년 앞선 것이 아브라함의 때입니다. 지금으로부터 약 4,000년 전 즈음에 하나님께서는 아브라함에게 우리가 아는 성경 전체의 탁월하고 신비하며 기묘한 지혜의 보고를 그대로 부어 주셨습니다. 모세오경에 담겨 있는 지혜의 탁월함을 생각해 보세요. 세상이 창조된 기원과 타락이 모두 담겨 있습니다. 이는 하나님이 타락한 인간에게 어떻게 구원의 손길을 내미시고, 그분의 구원의 약속이 어떻게 시작되는지를 보여줍니다. 창세기 3장에서부터 비롯된 구속 사건의 시작, 동시에 꽈배기처럼 얽혀가는 인간의 전적 타락의 역사, 하나님의 무서운 심판에 대한 예증, 곧 노아의 홍수 사건이 있습니다.

하나님은 철저한 공의의 심판자입니다. 하나님의 공의의 심판의 엄격함에는 예외가 없습니다. 심판하지 않을 자를 심판하시거나 심판해야 할 자에게 합당하게 보응하지 못하는 실수가 없으십니다. 우리는 노아의 홍수 사건을 통해 하나님이 완전한 심판을 행하시는 분임을 알 수 있습니다. 그분은 전 세계 사람들을 다 멸망시키지만 노아의 가족만 택하여 부르십니다. 그 사건을 통해 하나님의 공의를 나타내 보이셨으나 이어지는 인류의 역사는 새로워지지 않으니, 하나님은 보편 인류를 돌이키지 않고 택한 백성을 통해서 구원의 역사를 이루어 가십니다. 그 내용이 창세기 12장부터 나옵니다.

그 구원의 역사가 본격적으로 시작되기 전인 1-11장은 우리의 기원과 오늘의 현상을 설명하는 원인을 모두 보여주고, 12장부터는 구원의 약속과 실제 사건 안에서 성취되는 경륜을 보여줍니다. 이 복음은 예수님이 오심으로 성취되었고, 이제 오늘날 우리에게까지 이어지고 있습니다.

이방인들의 실상

이 놀라운 하나님의 말씀의 계시가 이방인들의 신념이나 가치관과 어떻게 달랐습니까? 그들은 별자리로 운명을 점치거나 온갖 짐승의 형상을 우상으로 섬기며 엎드려 절하고 마귀 아래 신음하며 정욕대로 살았습니다. 참으로 더럽고 부패한 모습이었습니다. 하나님은 그들을 불쌍히 여기셔서 윤리도 알게 하고 도덕적인 양심도 남겨 주셨습니다. 그래서 어떤 민족은 이방인이지만 제법 도덕성이 있고 사회 질서와 법치의 문화를 이루기도 합니다. 그러한 성취 속에는 죄를 억제하는 하나님의 은혜의 역사가 있는 것이지요. 그러나 그것은 하나님의 은혜일 뿐 그 가운데 그 뜻과 윤리와 양심으로 온전히 살아 주 앞에 의로운 자로 설 사람은 아무도 없으니 그것도 허망한 일입니다.

그러므로 하나님이 이스라엘 백성을 불러내어 주의 말씀을 주시고 이끄신 일은 그들에게 말할 수 없는 특권입니다. 시편 147편 19-20절을 보겠습니다.

"그가 그의 말씀을 야곱에게 보이시며 그의 율례와 규례를 이스라엘에게 보이시는도다 그는 어느 민족에게도 이와 같이 행하지 아니하셨나니 그들은 그의 법도를 알지 못하였도다 할렐루야."

"어느 민족이 너희와 같이 하나님의 말씀과 지혜를 받은 적이 있느냐." 이것은 유대인들이 인정하고 이방인들도 인정하는 사실입니다. 로마서와 논증 안에서 유대인들은 "하나님의 말씀을 맡은 것이 아니냐"는 말 앞에 할 말이 없다는 것을 이미 스스로 이야기했습니다. 로마서 2장 17-18절은 말합니다. "너희가 율법을 의지하고 하나님을 자랑한다고 하지 않았느냐. 하나님과 율법을 자랑할 만큼 너희가 하나님의 말씀을 맡은 자임을 인정하지? 율법의 교훈을 받아 하나님의 뜻을 안다고 말했으니 너희가 하나님의 말씀을 받은 것을 인정하지? 너희가 선한 것을 분간한다고 했으니 하나님의 말씀을 맡은 것을 인정하지?" 그리고 이어서 20절에서 "율법에 있는 지식과 진리의 모본을 가진 자로서 너희가 하나님의 말씀을 맡은 것을 인정하지? 너희에게 이렇게 유익이 있는데 유대인의 특권이 무엇이냐고 왜 되묻는 것이냐?" 하는 것입니다.

그럼에도 불구하고 이런 특권이 다 무익하게 된 이유는 무엇입니까? 저들이 악한 농부이기 때문입니다. 마태복음 21장 40절에 나온 것처럼 포도원 밭을 주고 때가 되어 농부들에게 소출을 얻고자 종을 보냈는데 그들이 종을 죽이고 선지자를 죽이고 아들까지 죽입니다. 그들의 악행 자체가 하나님의 말씀을 맡은 자의 유익과 특권을 무익하게 한 것인데, 스스로 불순종의 죄를 범하여 받은 특권을 무익하게 만들어놓고 말하기를 "특권이 무엇이냐"라고 되묻는 것이 얼마나 모순인지를 알 수 있습니다.

거듭 말씀드리지만, 말씀의 지식이 있다는 것은 책임을 같이 수반하는 것이지, 그것이 신앙적 책임을 면하게 해주거나 아무렇게 살아도 되게 해주는 것은 아닙니다. 웨스트민스터 대요리문답에 나온 것처럼 우리를 의롭게 하시는 하나님의 약속은 거룩하게 하시는 일과 구별되지만 필연적으로 연결되어 있기 때문에 하나님의 용서의 약속을 자랑하는 사람은 그 용서를 자랑하는 그 마음속에 죄를 미워하고 슬퍼하고 하나님께 돌이키는 의의 심령을 갈망하게 되어 있습니다. 그렇지 않으면 에서가 되는 것입니다. 히브리서 6장 4-8절에 나온 에서의 모습을 보겠습니다.

"한 번 빛을 받고 하늘의 은사를 맛보고 성령에 참여한 바 되고 하나님의
선한 말씀과 내세의 능력을 맛보고도 타락한 자들은 다시 새롭게 하여 회
개하게 할 수 없나니 이는 그들이 하나님의 아들을 다시 십자가에 못 박

아 드러내 놓고 욕되게 함이라 땅이 그 위에 자주 내리는 비를 흡수하여 밭 가는 자들이 쓰기에 합당한 채소를 내면 하나님께 복을 받고 만일 가시와 엉겅퀴를 내면 버림을 당하고 저주함에 가까워 그 마지막은 불사름이 되리라."

한번 생각해보세요. 땅이 그 위에 자주 내리는 비를 받고 충분한 햇빛을 받고 좋은 열매를 맺을 만한 좋은 거름을 갖고 있다면 그것이 특권이 아닙니까? 그런데 그 땅이 가시와 엉겅퀴를 툭 내버린 것입니다. 그래서 "비가 부족했느냐, 햇빛이 부족했느냐, 거름이 부족했느냐? 네가 어찌하여 가시와 엉겅퀴를 냈느냐?"라고 물었는데 "아, 이 옥토와 비와 햇빛이 내게 저주가 되었네. 차라리 거친 땅이고 비도 없고 햇빛도 없었으면, 가시와 엉겅퀴를 낸 것에 책망이나 받지 않을 텐데"라고 말한다면 그 사람을 어떻게 보아야 합니까? 그는 영원한 진노 아래에 있기에 딱 알맞은 자입니다. 비와 햇빛과 좋은 땅에 있는 특권을 바르게 사용하지 않고 자신의 악을 따라 '가시와 엉겅퀴'를 내놓고 나서 "에이, 그럼 우리에게 내린 비와 햇빛과 좋은 땅은 다 무엇인가? 이 특권이 무슨 유익이 있는가?"라고 되묻는 자들의 태도와 본문에서 말하는 유대인들의 태도는 다를 바 없습니다.

예수의 복음을 전하면 어떤 이들은 "복음을 듣고도 안 믿으면 죄가 더 크다"는 말을 듣고 짜증을 냅니다. "차라리 모르면 몰라서 안 믿었다고 핑계할 수 있는데 왜 괜히 나에게 복음을 들려줘서 몰라서 안 믿었다는 핑계도 댈 수 없게 해버리느냐"라고 신경질을 내는 것입니다. 하나님의 말씀을 차라리 모르면 마지막에 몰라서 안 믿었다는 핑계라도 대보려고 하는데 그 핑계가 있을 수 없게 되는 것입니다.

특권은 책임을 수반합니다. 특권을 가지고 있는데 불순종으로 악한 열매를 내놓고 그 특권에 대해 오히려 힐문하고 탓하는 것은 어리석은 일입니다. 사실 에서는 아브라함과 이삭으로 이어지는 약속의 언약 가운데 하나님의 백성의 특별한 은혜를 누리는 사람이었습니다. 우선 아버지 이삭을 기억해 보세요. 에서는 그 모든 거룩한 삶과 이방인과 구별되는 하나님의 약속을 성취해 가는 언약 백성의 복 아래 있었을 것입니다.

이스라엘 백성은 광야에서 불평을 쏟아 내며 하나님을 배반하고 원망합니다. "우리를 왜 여기까지 끌고 왔느냐? 차라리 애굽 땅에서 죽는 것이 나았을 것 같다." 그런데 그들이 광야를 지나는 동안 그냥 왔습니까? 그들은 열 가지 재앙을 통해 하나님의 보호하심과 은혜를 알게 되었고, 마른 땅을 걷듯 홍해를 건너며 하나님의 능력을 보았고, 모세를 통해 받은 율례와 교훈을 보면서 하나님이 은혜를 베푸시는 이유를 깨달았습니다. 그런데 근본이 영원히 하나님께 돌아서지 않으니까 이제는 그 모든 것을 무익하고 불편한 것으로 그리고 원망거리로 삼는 것입니다.

하나님의 말씀을 맡은 특권은 그들이 말씀 앞에 반응을 보이는 것과 연결됩니다. 히브리서 12장 15-17절을 보겠습니다.

"너희는 하나님의 은혜에 이르지 못하는 자가 없도록 하고 또 쓴 뿌리가 나서 괴롭게 하여 많은 사람이 이로 말미암아 더럽게 되지 않게 하며 음행하는 자와 혹 한 그릇 음식을 위하여 장자의 명분을 판 에서와 같이 망령된 자가 없도록 살피라 너희가 아는 바와 같이 그가 그 후에 축복을 이어받으려고 눈물을 흘리며 구하되 버린 바가 되어 회개할 기회를 얻지 못하였느니라."

교회는 망령된 자가 없도록 살피라는 명령에 순종하여 권징을 교회의 참된 지표 가운데 하나로 삼고자 했습니다. 말씀의 가르침과 성례와 같은 은혜를 망령되이 받는 자가 있을까 하여 교회를 영적으로 감찰하여 개개인 신자의 영혼 상태가 어떠한지를 보고 그들을 돌이키게 하는 것을 참 교회의 지표로 삼는 것입니다.

광야에서의 이스라엘 백성을 기억하며 시편 95편 6-10절을 읽어 보겠습니다.

"오라 우리가 굽혀 경배하며 우리를 지으신 여호와 앞에 무릎을 꿇자 그는 우리의 하나님이시요 우리는 그가 기르시는 백성이며 그의 손이 돌보시는 양이기 때문이라 너희가 오늘 그의 음성을 듣거든 너희는 므리바에서와 같이 또 광야의 맛사에서 지냈던 날과 같이 너희 마음을 완악하게 하지 말지어다 그 때에 너희 조상들이 내가 행한 일을 보고서도 나를 시험하고 조사하였도다 내가 사십 년 동안 그 세대로 말미암아 근심하여 이르기를 그들은 마음이 미혹된 백성이라 내 길을 알지 못한다 하였도다 그러므로 내가 노하여 맹세하기를 그들은 내 안식에 들어오지 못하리라 하였도다.”

히브리서는 이 말씀을 인용하여 당시 교회를 권면했습니다. 결국 말씀을 맡은 그들의 특권이 무익해진 것은 그들이 마음이 미혹된 백성이었기 때문입니다. 한마디로, 그들이 마음의 할례를 행하지 않았던 것입니다. 그들에게 마음의 할례를 행하도록 하신 것 자체가 특권입니다. 사실 그들은 하나님이 베푸신 은혜를 그냥 겸손히 받아들이기만 하면 됩니다. 그리고 말씀에 순종하며 나아갔다면 이방인들은 생각조차 할 수 없는 영원한 생명의 길로 나아갔을 것입니다.

이스라엘이 불순종 가운데 있을 때, 그 가운데 그 복을 누린 이스라엘 백성들이 있었습니다. 그들은 이스라엘의 '남은 자'들입니다. 남은 자들은 계속 그 복을 붙들었습니다. 심지어 그것을 위해 생명을 내주기도 했습니다. 아합이 “그 땅을 내놓아라! 그렇지 않으면 너는 죽을 것이다!”라고 할 때도 그들은 그 땅을 내놓지 않고 목숨을 바쳤습니다. 하나님이 주신 기업을 내놓는다는 것은 하늘의 기업을 포기하는 것과 같다며 죽게 되더라도 그 땅을 내놓지 않은 것입니다. 그 땅을 주고 다른 땅을 받으면 되는데도, 조상에게로부터 받은 기업의 땅은 하늘의 기업에 대한 상징이었기 때문에 그들은 그 땅을 팔지 않았습니다. 살 수 있는 길이 없어서 죽음의 길로 간 것이 아니고, 그렇게 살게 되면 살아도 죽는 길이요 약속을 포기하는 것이요 영생을 포기하는 것이기 때문에 거부한 것이고 그 결과 죽게 된 것입니다. 그런 사람들은 이스라엘 역사 가운데 늘 있었고, 바울 사도가 가르친 그때도 있었고, 바울의 말을 듣고 예수 그리스도 앞에 돌아온, 곧 택함받아 생명을 받기로 작정한 유대인들 중에도 있었습니다.

시편 1편은 은혜 언약을 받은 자의 행복을 교훈하면서, 하나님의 말씀을 맡은 특권이 주는 행복이 무엇인지 잘 가르쳐줍니다.

"복 있는 사람은 악인들의 꾀를 따르지 아니하며 죄인들의 길에 서지 아니하며 오만한 자들의 자리에 앉지 아니하고 오직 여호와의 율법을 즐거워하여 그의 율법을 주야로 묵상하는도다 그는 시냇가에 심은 나무가 철을 따라 열매를 맺으며 그 잎사귀가 마르지 아니함 같으니 그가 하는 모든 일이 다 형통하리로다 악인들은 그렇지 아니함이여 오직 바람에 나는 겨와 같도다 그러므로 악인들은 심판을 견디지 못하며 죄인들이 의인들의 모임에 들지 못하리로다 무릇 의인들의 길은 여호와께서 인정하시나 악인들의 길은 망하리로다"(시 1:1-6).

이 말씀을 곱씹어 읽어보면 그 뜻이 기가 막힙니다. 복 있는 사람은 악인과 어떻게 다른가요? 근본은 하나님의 말씀을 즐거워하고 주야로 묵상하는 것입니다. 이것은 마음의 할례로 말씀을 마음에 새겨두는 것입니다. 그러면 그것이 열매를 맺고 그 잎사귀가 마르지 않고 하는 일이 다 형통할 거라고 합니다. 그런데 그때 형통의 관점은 어디로 모아집니까? 바로 예수 그리스도 안에서 주시는 위로요, 그분과 함께 누리는 영생이라는 하늘나라의 새로운 복입니다. 그리고 그 복

안에서 자신의 삶을 구원의 영적 가치로 설명할 수 있는 것이 열매인 것입니다. 예수 그리스도로 설명할 수 있습니까? 그러면 그것이 열매입니다. 반면 그리스도로 설명할 수 없으면 열매가 아닌 것입니다. 악인들은 바람에 나는 겨와 같으니 뿌리가 튼튼한 줄 알지만 그렇지 못하다고 합니다. 이어서 의인의 길은 여호와께서 인정하시나 악인의 길은 망한다고 합니다.

"이것이 말씀을 맡은 자의 행복인데 너희가 마음의 할례를 받지 못하고 마음이 미혹되어 특권을 잃어버렸다. 율법의 지식이나 할례 받은 사실이 하나님 나라 백성의 지위를 보장하는 것이 아니다. 그러나 그렇다고 해서 율법의 지식이나 할례가 잘못된 것은 아니다. 너희는 특권을 가진 자가 맞다. 하지만 너희가 미혹되고 마음의 할례를 받지 못하여 그 특권을 상실했으니, 그것은 너희의 잘못이다." 바로 이것이 유대인의 반론에 대응하여 바울이 내놓은 답입니다.

우리는 우리의 신앙을 살피며 참으로 자랑하고 감사할 것이 무엇인지를 생각하고 주 앞에 복음의 참된 은혜로 나아가야 합니다. 주의 말씀으로 우리에게 주신 교훈은 분명합니다. 마음의 할례요, 참된 회개의 열매로 생명의 길로 나아가는 것입니다. 이 교훈을 마음에 새기고 하나님이 베푸신 은혜에 감사하며 살아가시기 바랍니다. 하나님은 지금도 "너희가 하나님의 은혜에 감사하고 있느냐"라고 물으십니다.

13. 하나님의 미쁘심은 폐하여지지 않는다

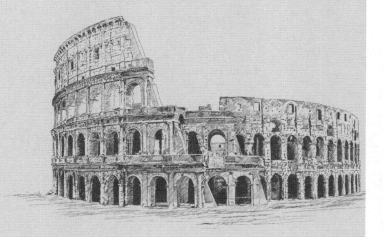

어떤 자들이 믿지 아니하였으면 어찌하리요 그 믿지 아니함이 하나님의 미쁘심을 폐하겠느냐. 그럴 수 없느니라. 사람은 다 거짓되되 오직 하나님은 참되시다 할지어다. 기록된 바 주께서 주의 말씀에 의롭다 함을 얻으시고 판단 받으실 때에 이기려 하심이라 함과 같으니라.

로마서 3:3-4

사도 바울의 가르침

유대인들이 하나님 나라의 백성으로서 자기 정체성, 지위, 신분에 대해 자랑할 때는 한계가 있습니다. 본문에서 사도 바울이 말한 것처럼, 유대인들은 율법을 자랑하면서 "내가 하나님의 백성이다"라고 자신의 신분을 자랑하지만, 실제로 그들은 율법을 범한 사람들입니다. 그들은 율법을 범했기 때문에 무할례자와 다를 바가 없어서, 하나님의 자녀로서 자신의 신분적 지위를 자랑할 수 없는 처지였습니다. 물론 이것은 유대인 가운데 어떤 이들만 해당됩니다. 왜냐하면 어떤 이들은 율법을 순종하고 기뻐하고 육체의 할례뿐 아니라 영적 할례, 마음의 할례를 받았기 때문입니다. 그러나 대다수 유대인은 신학적인 굴절과 어려움 가운데 있었습니다.

바울이 "유대인들은 할례를 받았음에도 불구하고 율법을 범하니 그 할례가 무할례가 되고 만다"고 말하자, "구원은 율법을 지켜 순종함으로 받는 것인가?"라는 질문이 나오게 됩니다. 그런데 그것은 성경을 오해한 것입니다. 사도 바울이 말한 것은 그런 뜻이 아닙니다. 성경의 가르침은 행함이나 율법으로 구원받는 것이 아니고 믿음으로 구원받는 것이라 하지 않습니까? 성경에는 분명히 "아브라함이 믿으니 의롭다 함을 받았다"고 나오고, 로마서 4장을 보면 실제로 아브라함과 다윗이 믿음으로 의롭다 함을 받는 진리에 대한 설명이 나옵니다. 그러니까 유대인들이 가지고 있는 성경 자체, 즉 구약성경에 계시된 구원의 도리는 은혜로 구원받는 것이지 행함의 순종으로 받는 것이 아닙니다. 그런데 어찌하여 유대인들에게 "너희는 율법을 자랑하나 율법을 범하니 너희가 받은 할례도 무익한 것이다. 따라서 너희는 무할례자가 되었은즉 하나님 나라의 백성으로 지위를 주장할 수 없다"라고 말하는 것입니까? 유대인들에게 이 모든 논리는 "율법을 행해야 하나님 나라의 백성이 되는데, 너희가 율법을 행하지 않고 할례를 얘기하니 이무 소용이 없다"라는 결론에 이르게 하고, 결국 유대인들에게 주어진 것이 율법의 행함의 구원이 아니라면 어떻게 그런 말을 할 수 있느냐는 반론이 나오는 것입니다.

그러므로 우리는 바울의 말의 정확한 의미를 이해해야 합니다. 그러기 위해 다음의 사실을 잘 살펴봐야 합니다. 첫 번째, 유대인이 할례를 하나님의 백성이라는 것에 대한 지위요, 신분적 표지로 자랑했는데 할례는 표지일 뿐, 실체가 아닙니다. 다시 말하면 할례는 하나님의 백성이라는 신분을 가진 자임을 말해주는 외적인 표지에 불과하지, 그 의식을 행했다고 해서 무조건 하나님의 백성이라는 식으로 해석하면 안 됩니다. 할례라는 의식을 외적으로 행했을지라도 그것이 하나님의 백성이라는 보증은 아닙니다.

두 번째로 할례는 마음에 행하는 것입니다. 그것이 할례를 명하신 참뜻이기 때문입니다. "나는 영원히 죽어야 될 부패한 성품의 소유자요, 따라서 하나님이 내 심령을 새롭게 해주시지 않으면 결코 내가 하나님 앞에서 주의 백성으로 설 수 없다"라고 하며, 하나님의 전적인 은총만 바라보는 마음의 할례를 받아야 하는 것입니다. 할례는 마음에 해야 실제적인 것입니다. 부패한 심령에 대한 자각이요, 하나님의 전적인 은혜에 대한 절실한 의지가 마음의 할례의 중요한 실체입니다. 마음의 할례를 받은 자에게는 어떤 일이 나타나겠습니까? 마음의 할례를 받은 자는 새로운 심령으로 하나님의 율법을 기꺼이 순종하고자 하는 소망이 생기고, 순종할 수 없는 자신의 무능력을 안타까워하며 하나님의 도우심을 입어 행하고자 하는 열매를 맺게 됩니다. 그것이 바로 사도 바울이 말하는 '율법을 행하는 자'라는 증거입니다.

그러므로 사도 바울이 "너희가 율법을 자랑하나 율법을 범하니 할례를 받았으나 할례도 무익하여 소용이 없고 따라서 너희가 하나님 나라의 백성이라는 지위를 주장해도 보증이 되지 않는다"라고 한 말은 결국 이런 뜻입니다. "누구든지 하나님의 은혜로만 구원을 받는데, 은혜로 구원받은 사람은 외적인 할례의 의식을 통해 하나님의 전적인 용서가 있어야만 구원받는다는 사실을 마음 깊이 깨닫는다. 그래서 하나님 앞에 회개하여 하나님의 은총을 믿고 의지하여 나간다.

그 때 그는 용서받은 자의 감사로 마음을 새롭게 하여 율법에 순종하는 증거를 낳는다. 따라서 참으로 구원받은 사람은 율법을 자랑하면서 율법을 범하는 자가 아니라 율법을 자랑하는 만큼 순종하고자 애쓰고, 불순종에 대해서는 눈물로 회개하는 열매를 가진 자다."

유대인들의 첫 번째 반론: 유대인들의 나음이 무엇인가

이런 영적 사실을 깨닫지 못한 유대인들은 자신들의 할례가 무할례와 같다는 비판에 대해서 반박을 합니다. 그 반박의 내용이 3장 1-8절에 나옵니다. 1-2절, 3-4절, 5-8절에 각각 한 개씩 총 세 개의 반론이 나옵니다.

1-2절에 나온 첫 번째 반론은 "사도 바울이 말한 대로 우리가 마음에 할례를 받지 못했고 율법을 범하였다는 이유로 할례를 받은 것 자체가 아무런 의미가 없다면 도대체 유대인이라는 것은 무슨 유익이 있는가? 우리는 할례를 받은 자요, 율법을 받은 자인데 우리의 나음은 무엇인가?"라는 내용입니다. 그들은 사도 바울이 말한 대로라면 '율법을 지키느냐 안 지키느냐'가 남을 뿐이고, 할례는 아무 의미가 없어지는데, 유대인으로서 나에게 어떤 유익이 있느냐고 묻는 것입니다.

사도 바울은 2절에 "유대인이라는 사실로 범사에 그 유익이 얼마나 많으냐. 할례의 유익이 많고 유대인의 나음이 많다. 우선 너희가 하나님의 말씀을 맡았으니 이 얼마나 큰 유익이냐."라고 말합니다.

여기서 말하는 "하나님의 말씀"은 구약에 나타난 하나님의 계시 전체를 가리킵니다. 본질적으로는 은혜 언약을 가리키는 것입니다. 하나님이 이스라엘 백성을 불러 자기 백성을 삼으시고 모세의 율법을 통해 모든 일을 가르치셨습니다. 마땅히 살아야 될 규범과 죄지은 자를 용서하시는 제사의 의식과 절기에 따라 하나님의 용서와 화해의 길이 무엇인지를 알려주십니다. 그 전체가 "하나님의 말씀을 맡았"다는 말씀 속에 담겨 있는 것입니다.

여러분이 진정한 믿음이 있는 사람이라면 "할례는 마음에 할지니 육신의 할례는 소용이 없다. 너희가 율법을 맡은 자로 자랑하면서 어떻게 율법에 순종하지 않느냐"라는 책망에 "과연 그렇소이다. 우리가 늘 하나님 앞에서 많은 부족함과 연약함이 있고 죄 가운데 있으니 주여, 우리를 불쌍히 여겨 주옵소서"라는 회개가 나올 것입니다. 회개는 참된 신자임을 드러내는 증거입니다. 참된 신자라면 비록 절대적 의나 높은 수준의 신앙 성숙도를 유지하지는 못할지라도, 죄를 범하면 잘못에서 돌이킬 줄 알아야 합니다.

웨스트민스터 대요리문답 78문답에 "신자들에게 있어서 성화는 불완전하다"고 나옵니다. 불완전한 성화일 텐데 성화의 수준을 놓고 참된 신자를 판단한다는 것은 어려운 문제입니다. 그러나 불완전한 성화라도 성화가 성도의 참된 신앙의 열매가 되는 것은 그가 불완전한 것만큼 회개할 줄 아는 사람으로 서 있기 때문입니다. 그 사람들에게 나타나는 믿음의 증거요 거룩한 열매로 의미가 있게 다가오는 것입니다. 우리가 죄 가운데 회개하고 돌이켜 새 사람으로 살아가는 작은 변화도 회개할 줄 아는 사람이기 때문에 비로소 그 변화와 회개는 참된 열매인 것입니다. 회개할 줄 모르고 오히려 그 열매를 내세워 자기 의를 주장하고 자기의 연약함을 보지 못하는 사람이 있다면 그는 자기 의에 취한 사람입니다.

그래서 진실한 성도라면 실제적으로 거룩한 삶의 변화를 갖게 됩니다. 성화의 발전이 있음에도 동시에 불완전한 자신의 모습 때문에 회개하는 눈물이 있습니다. 자기에게는 자랑할 것이 없다는 것을 압니다. 그래서 거룩해진 성도의 증거는 회개의 눈물이 함께 있는 것입니다. 회개의 배경이 없는 가운데 내놓는 성화의 열매는 자기 의가 되어 버립니다. 그러면 결국 유대인의 오류에 빠지게 됩니다. 결국 "내가 육신의 할례를 받았는데 어찌 유대인이 아니라고 말하며 하나님 나라의 백성이 아니라고 말하느냐"라며 바울의 비판에 대해 반박을 하는 것입니다. 그들은 실제 할례의 의미가 무엇인지 모르는 자요, 아직도 하나님의 용서의 은혜가 무엇인지 모르는 자입니다.

이것이 오늘날 우리에게는 어떻게 적용이 되겠습니까? "내가 모태 신앙이요 또는 4대째 내려오는 신앙의 가문이요 또는 어려서부터 교회에서 자란 사람이요."라며 이렇게 신앙의 이력을 내세우면서 하나님이 자신을 모른다고 하시면 안 된다고 주장하는 사람이 있습니다. 이런 것은 "내가 할례를 받고 모세의 전통에 따라 지금까지 살아왔는데 하나님이 어찌 나를 모른다고 하시겠는가? 바울 네가 틀렸다"라는 유대인들의 반문과 같은 것입니다. 바울은 지금 "당신이 할례를 받은 것을 인정한다. 모세의 전통에 따라 산 것을 인정한다. 당신이 유대인이라는 것을 인정한다. 그러나 할례가 당신에게 무슨 의미가 있느냐? 당신은 마음의 할례를 받았는가?"라고 묻고 있습니다. 지금 우리에게 복음을 아느냐고 묻는 것입니다.

그런 상황 속에서 참으로 복음을 아는 사람은 "내가 4대째 신앙이라 자랑하기 부끄러울 만큼 믿음이 진실되지 못하고 연약해서 송구스럽습니다."라고 말할 것입니다. 그 회개와 연약함에 대한 자각과 주 앞에 엎드림이 4대째 이어온 신앙 가운데 자란 믿음의 자녀임을 증거하는 것입니다. 영혼 내면으로부터 회개의 고백, 죄 용서를 받은 것에 대한 감사, 새 사람으로서 살아가는 순종의 삶, 그 순종의 삶을 통해 찬송을 올려 드리는 것, 예수 그리스도의 고난과 부활의 능력 아래 붙들려 사는 것, 바로 이러한 영적 비밀과 고백이 마음속 깊은 곳에 뿌리내리고 있어야 합니다. 그렇지 않으면 신앙의 이력에 대한 자랑은 껍데기만 남고 내면의 실체는 자라지 못하게 됩니다. 그러므로 우리는 "표면적 육신의 할례가 할례가 아니요 마음의 할례여야 한다"는 말의 의미를 잘 깨달아야 합니다.

유대인들의 두 번째 반론:하나님의 신실하심 논증

두 번째 반론은 본문 3-4절에 나옵니다. 먼저 3절을 보겠습니다.

"어떤 자들이 믿지 아니하였으면 어찌하리요 그 믿지 아니함이 하나님의 미쁘심을 폐하겠느냐"(3절).

바울은 3절에서 논증을 하며 "유대인이라고 다 유대인이 아니요, 마음에 할례를 한 유대인이라야 참 유대인이다"라고 말한 것에 대해 유대인들이 반박할 것을 염두에 두고 이렇게 말했습니다. 유대인들이 하게 될 반박은 이런 내용입니다. "바울, 당신의 말대로라면 우리 유대인들의 할례가 무할례와 같아서 우리가 하나님의 언약 백성의 지위에서 떨어지게 된다는 것인가? 그렇다면 이스라엘을 불러서 자신의 백성으로 삼으신 하나님의 신실하심과 미쁘심이 훼손되는 것 아닌가? 하나님이 우리 이스라엘 백성을 불러 자기의 백성으로 삼으셨다. 우리는 아브라함의 자손이요, 모세를 통하여 시내 산에서 율법을 받은 자들이며, 가나안 땅으로 진군해 들어가 약속의 땅을 차지한 하나님의 언약 백성이다. 그런데 지금 당신은 그 주장을 함으로써 우리를 하나님의 언약 백성으로 삼으신 그분의 신실하심을 훼손하고 있는 것 아닌가?"

이 말은 "할례를 행한 이스라엘 백성을 자기 백성으로 삼으신 하나님의 신실하심은 결코 폐기될 수 없다. 하나님의 신실하심이 어찌 폐기되겠느냐. 그러니까 유대인의 할례가 무할례와 같이 되었다는 말로 혼란스럽게 하지 말라"는 뜻입니다. 다시 말해, 유대인들은 유대인의 할례가 무할례와 같이 되었다는 바울의 비판은 우리를 향한 비판이 아니라 우리를 불러내시고 할례를 그분의 백성의 표지로 삼으신 하나님의 신실하심에 대한 비판이므로 잘못되었다고 주장하는 것입니다.

이런 가정하에, 바울이 3절에서 "어떤 자들이 믿지 아니하였으면 어찌하리요 그 믿지 아니함이 하나님의 미쁘심을 폐하겠느냐"라고 말합니다. 이는 "무슨 소리냐. 너희 가운데 일부가 믿지 않거나 거의 전부가 믿지 않는다고 가정해보자. 그리하여 할례를 받은 자가 무할례자와 같이 되더라도 하나님의 미쁘심은 너희의 믿지 않는 불순종 때문에 절대로 폐하여지는 것이 아니다. 그러니까 마치 하나님의 신실하심을 지키려는 것처럼 내 말이 틀렸다고 말하지 말고 너희의 영적 상태나 회개하라. 너희가 율법에 불순종하여 악하더라도 이스라엘을 불러 자기 백성으로 삼고자 하신 하나님의 미쁘심은 결코 폐기되지 않으니 그런 걱정은 하지 말라."라는 말입니다. 하나님은 자기의 백성을 부르신 그 부르심에 신실하셔서, 하나님의 약속을 믿고 마음에 할례를 행한 그분의 자녀들이 있다는 점을 절대로 잊지 않으십니다. 하나님은 그들을 향하여 여전히 자기의 약속을 지키시는 미쁘신 분입니다. 사람이 보기에는 그들의 불순종이 극심하여 이스라엘 가운데 구원받을 자가 아무도 없을 것 같아 보여도 하나님은 그 약속을 취소하지 않으시고 그중에 '남은 자'가 있다고 말씀하십니다.

유대인의 논리는 이렇게 진행됩니다. "첫 번째, 하나님은 미쁘시다. 두 번째, 바울의 지적에 따르면 우리의 할례는 무익한 할례이다. 세 번째, 그러면 우리를 불러 자신의 백성으로 삼으시고 우리에게 할례를 행하게 하신 하나님의 약속이 폐하여진다. 네 번째, 하나님은 미쁘시므로 우리를 불러 할례를 행하게 하셨다. 우리를 하나님의 백성으로 삼으신 하나님 약속은 폐하여질 수 없다. 다섯 번째, 그러므로 바울의 주장은 틀린 주장이다." 할례는 자기들이 하나님의 백성임을 보여주는 증거이며 자기들은 구원받은 백성이라는 것이 유대인의 반론입니다.

그 반론에 대해 바울은 이렇게 말합니다. "첫 번째, 유대인의 말대로 하나님은 미쁘시다. 두 번째, 율법에 불순종하는 유대인의 할례는 무익한 것이다. 세 번째, 그러나 율법에 불순종하는 유대인의 할례가 무익하더라도 하나님은 미쁘셔서 이스라엘을 불러 자신의 백성으로 삼으시고 할례를 행하게 하신 하나님의 약속은 폐하여지지 않는다. 네 번째, 그 이유는 이스라엘 가운데 영적 할례(마음의 할례)를 행한 남은 자들이 있기 때문이다. 다섯 번째, 그러므로 하나님은 영적 할례를 행한 자들의 율법의 순종을 그들이 하나님의 백성임을 보여주는 증거로 삼으며, 그들이 비록 적은 수라도 그들을 구원하기 위하여 이스라엘을 향하여 약속하신 구원의 은혜를 결코 폐기하지 않으신다." 하나님의 미쁘심은 이스라엘의 수가 많고 적음에 있는 것이 아니라 참으로 주님을 믿고 따르는 자들에게 있다는 말입니다. 남은 자들은 항상 있었으며, 그들은 이스라엘 대부분이 불순종하며 죄악 가운데 살지라도 하나님의 약속을 바라보고 신실하신 하나님을 믿고 의지하며 그대로 순종하였습니다. 하나님은 그들을 다 구원하겠다고 말씀하시는 것입니다.

이것은 신앙적인 큰 수렁에 빠질 수 있는 문제입니다. 유대인들이 "모세로부터 1,500년간 조상 대대로 이 율법과 전통을 지켜 쭉 살아왔는데, 지금 우리의 할례와 모든 율법과 전통을 무시하고 우리가 그분의 백성이 아니라고 말하는 것이냐? 그럴 수가 있는가? 네 말은 하나님의 미쁘심 자체에 문제가 있다고 하는 것이다!"라고 말할 때, 사도 바울은 이렇게 이야기했습니다. "너희 대부분이 하나님의 말씀에 불순종하여 할례를 무할례로 만드는 패역함 속에 빠질지라도 너희 말대로 하나님의 미쁘심은 폐하여지지 않는다. 단 한 명이라도 하나님의 약속을 붙들고 있다면 하나님은 그 한 명을 향하여 너희에게 약속하신 구원을 베푸실 것이다. 마음의 할례를 한 자에게 하나님은 항상 신실하시다." 결국 다수와 전통에 의지하여 자신의 의로움과 옳음을 주장했던 사람들이 이 논증 앞에서 산산조각이 나는 것입니다.

이어서 4절에서는 하나님의 신실하심, 미쁘심에 대한 논증을 풀어갑니다.

"그럴 수 없느니라. 사람은 다 거짓되되 오직 하나님은 참되시다 할지어다. 기록된 바 주께서 주의 말씀에 의롭다 함을 얻으시고 판단 받으실 때에 이기려 하심이라 함과 같으니라"(4절).

이 말씀은 두 구절에서 인용된 것으로, 하나는 시편 116편 11절의 "모든 사람이 거짓말쟁이라"라는 말씀이고, 다른 하나는 시편 51편 4절의 '다윗이 밧세바와 간음한 이후에 나단 선지자의 책망을 받고 회개한 시'의 한 부분입니다. "내가 주께만 범죄하여 주의 목전에 악을 행하였사오니 주께서 말씀하실 때에 의로우시다 하고 주께서 심판하실 때에 순전하시다 하리이다." 이 말씀은 "주의 말씀은 의로우십니다. 하나도 틀린 것이 없습니다. 주의 심판은 흠이 없고 오류가 없으며, 과연 정당합니다. 나는 이런 사실을 고백할 따름입니다"라는 내용입니다. 다윗이 나단 선지자의 책망을 받고 "주님의 책망은 절대적으로 옳으며 나는 주님의 책망 앞에서 죄인일 따름입니다"라고 고백하는데, 로마서 3장 4절은 이 말씀을 그대로 인용해서 논증합니다. "보라, 하나님의 말씀은 죄인을 책망하실 때 그 말씀 자체로 항상 의로움을 드러내는 것이다. 그러니 너희를 무할례자라고 책망하는 하나님의 말씀은 항상 의로우며 흠이 없다. 너희의 죄악 된 모습을 책망하나 하나님은 그분 자신의 말씀대로 약속을 지키실 테니 하나님의 미쁘심이 폐하는 일은 없다."

실제로 하나님은 남은 자들을 사랑하시고, 남은 자 때문에 끝까지 교회를 지키셨습니다. 예수 그리스도께서 이 땅에 오실 때, 이스라엘 백성은 거의 신앙에서 떠나 있었습니다. 그들은 신앙에서 떠나 약속된 메시아를 기다리지 않았고, 오히려 동방에 있는 이방인들이 예수의 출생, 메시아의 탄생을 예루살렘에 일깨워줄 만큼 영적으로 어둠 속에 있었습니다. 그리고 예수님 당시에 제사장을 비롯해 그들은 모두 예수님을 십자가에 못 박아 죽일 만큼 하나님의 용서의 은혜에 대한 신학적 이해가 완전히 뒤틀려 있었습니다. 그런데 그때에도 아기 예수, 메시아의 탄생을 위해 기도했던 시므온과 과부 안나와 같은 사람들이 있었습니다. 예수님의 탄생을 기다린 남은 자들이 있었던 것입니다. 하나님은 약속대로 그들에게 메시아를 보내셔서 그분의 신실하심을 드러내셨으니, 하나님의 신실하심은 주의 약속을 믿고 나오는 참된 백성에게 신실한 것이지, 껍데기만 있는 명목상의 신앙으로 신자 행세를 하는 사람들에게 적용되는 것이 아니란 말입니다.

오늘날에도 마찬가지입니다. 말로는 주여 주여 하면서 불법을 행하는 자들이 "주의 이름을 부를 때마다 구원을 주신다고 해서 내가 주의 이름을 불렀는데 이제 와서 어찌 날 모른다고 하십니까?"라고 우깁니다. 그러나 주님은 약속을 번복하거나 믿음으로 구원한 사실을 취소하시지 않습니다. 구원받을 만한 합당한 믿음을 가진 자에게는 '성화'라는 거룩한 삶의 순종이요, 회개의 역사가 따라옵니다. 주님은 그런 자에게 믿음으로 구원받는 은혜의 전적인 용서를 주십니다. 말로만 신자요, 그 중심에 회개의 눈물이 없고 진실되지 않은 형식적인 고백을 하는 자에게까지 구원의 약속을 지켜야 하는 것은 아닙니다. 즉, 하나님의 신실한 약속은 참된 신자에게 이루어진다는 사실을 우리에게 가르쳐주시는 것입니다.

아담 이후 지금까지 딱 한 사람만 헛된 신앙의 고백이 아니요, 참된 신앙을 가지고 있었다고 가정해봅시다. 그래도 하나님은 그 한 사람을 위하여 미쁘신 약속을 지키려고 이 땅에 아들을 보내실 것입니다. 하나님의 미쁘심은 그런 것입니다. 주님은 단 열 명이라도 그 신실한 신자들을 위하여, 마음의 할례를 받은 그들을 위하여 이 땅에 오십니다. 그러나 임의대로 주를 부르면서 영혼 중심의 돌이킴 없이 형식적 신앙과 종교 전통 안에 있다는 사실을 내세워 하나님께 "당신은 신실하니 약속대로 날 구원하여주시기를 바랍니다!"라고 요구하는 자에게 하나님은 그 신실하시다는 속성 때문에 그들을 구원해주시지는 않습니다.

예수 그리스도를 믿음으로 구원받는 구원의 역사는 성령님의 역사이고, 믿음은 성령님이 주시는 것입니다. 성령님은 우리가 마음에 할례를 행하시지, 육신의 할례에 머무는 신자로 만들지 않으십니다. 그 증거는 회개와 감사입니다. 온전한 자는 아무도 없지만, 진실한 회개와 감사를 할 수 있는 사람만이 참으로 마음의 할례를 받은 자라 볼 수 있습니다.

"바울 당신의 말대로 우리가 마음에 할례를 받지 못했고 우리의 할례가 다 소용이 없다면 그것은 하나님의 미쁘심을 폐하는 것이오. 당신이 틀린 거란 말이오."라는 유대인의 반론은 성립될 수 없습니다. 우리에게 주신 말씀 앞에서 하나님의 미쁘심을 의지하게 하시는 것에 감사하며 이를 고백하는 여러분이 되기를 축복합니다.

14. 하나님의 심판은 의롭다

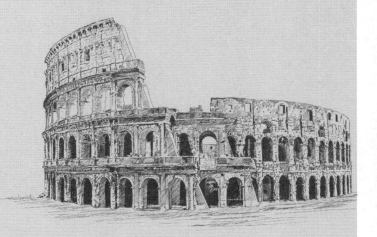

그러나 우리 불의가 하나님의 의를 드러나게 하면 무슨 말 하리요 [내가 사람의 말하는 대로 말하노니] 진노를 내리시는 하나님이 불의하시냐 결코 그렇지 아니하니라. 만일 그러하면 하나님께서 어찌 세상을 심판하시리요 그러나 나의 거짓말로 하나님의 참되심이 더 풍성하여 그의 영광이 되었다면 어찌 내가 죄인처럼 심판을 받으리요 또는 그러면 선을 이루기 위하여 악을 행하자 하지 않겠느냐. 어떤 이들이 이렇게 비방하여 우리가 이런 말을 한다고 하니 그들은 정죄 받는 것이 마땅하니라. 로마서 3:5-8

유대인들의 첫 번째 반론과 두 번째 반론

유대인들의 실상

유대인들은 율법을 자랑하지만, 그 율법을 순종해 지키는 일에는 많은 흠이 있었습니다. 또 그들은 자신들이 그렇게 율법에 불순종하고 있다는 것을 깨닫지 못했습니다. 따라서 그들은 진정한 의미에서 율법 앞에 서 있는 사람들이 아니었습니다. 유대인들은 율법을 몹시 사랑한다고 하지만, 자기의 방식대로 사랑하였을 뿐입니다. 율법을 사랑하는 증거로, 그들은 할례를 엄숙히 지켰고 또 의식에 따라 여러 가지 일을 철저히 지키고자 애썼습니다. 다시 말해, 유대인들은 자기들이 이해하는 방식을 따라서 율법을 잘 지킨 사람들이었다고 말할 수 있습니다. 그것이 그들 자신의 정체성이었고 그들은 스스로 그렇게 이해했습니다.

그런데 실상은 사도 바울이 지적한 대로, 그들은 하나님이 보실 때 결코 율법을 잘 지킨 자들이 아니었습니다. 그들은 율법을 자랑했지만 실제로는 율법에 불순종하여 하나님을 욕되게 하였고, 그들이 자랑했던 할례는 무할례와 다를 바 없는 것이었습니다. 할례는 본래 육체에 행하는 것이지만 거기에 머무는 것이 아니요, 마음에까지 해야 합니다. 바로 그것이 하나님의 뜻입니다. 마음의 할례는 자신의 죄 된 본성을 깊이 깨닫고 그것을 찢는 것입니다. 죄 된 본성을 찢는 것은 인간의 힘으로는 불가능하기 때문에 하나님의 전적인 자비와 긍휼 앞에 엎드려 그분의 손길을 바라봐야 합니다. 성령 안에서 우리의 심령을 새롭게 하실 거라는 약속의 말씀이 하나님이 모세에게 주신 가르침 안에 들어 있습니다. 제사와 안식일 규례 속에서 우리를 새롭게 하시는 은혜를 바라보게 되고, 주님 앞에 엎드리게 됩니다.

　이러한 이치에서 바로 알 수 있듯이, 마음의 할례를 받은 자들은 온전히 율법을 순종하지는 못하더라도 율법을 자랑할 뿐 아니라 율법을 사랑합니다. 그래서 그 율법의 말씀을 묵상하므로 그것을 어떻게 헤아려 지킬 것인가를 생각할 때에 외적인 규칙의 준수가 아니라 그것을 명하신 하나님의 의도와 뜻을 이해하여 하나님을 사랑하고 이웃을 사랑하는 참된 사랑의 원리에 따라 행합니다. 그런 사람을 가리켜서 마음에 할례 받은 참된 증거가 있다고 할 수 있습니다. 따라서 외적으로는 진실한 신자요 신자다움의 종교적 냄새가 물씬 나고 남들이 하지 못하는 종교적 열심과 헌신을 행하더라도, 그렇지 못한 자들을 오래 참고 용납하고 사랑으로 볼 줄 아는 안목이 없으면, 마음의 할례를 받은 자의 참된 증거는 나타나지 않으며, 자신의 의만을 드러낼 따름입니다.

유대인들이 바로 그런 모습이었습니다. 율법 앞에서 자신의 죄인 됨을 깨달아야 하는데 자신의 의인 됨의 증거만 드러냈으니 실제로 그들은 율법을 제대로 이해하지 못한 것입니다. 그들은 외적으로는 율법에 충실했으나 율법의 참된 정신이 그들 가운데 없었고, 율법 앞에 죄인 됨을 보지 못하고 자신의 의만 나타냈으니, 율법 앞에서 그들이 아무 소용없는 자들이 된 것이요, 하나님을 욕되게 한 자들이 된 것이요, 할례가 무할례가 된 것입니다.

유대인들의 첫 번째 반박

이 말을 들을 때, 유대인은 바울에게 뭐라고 말할까요? 3장 1절처럼 "자네 말대로라면 도대체 유대인이라는 우리의 존재가 무슨 유익이 있는가?"라고 반박할 것을 예상할 수 있습니다. 이 말은 "아니, 어떻게 그럴 수 있는가? 우리는 다 할례를 받은 유대인인데 사도 바울 당신이 말한 대로 결국 할례자나 무할례자나 다 소용이 없게 된다면 하나님이 우리를 백성으로 삼으시며 우리의 하나님이라 말씀하셨던 언약 안에서의 우리의 특권적 지위는 다 무의미한 것 아닌가? 유대인의 특권은 어디 있는가?"라는 뜻입니다. 그들에게는 할례를 받은 외적 증거가 유대인의 특권적 지위에 대한 강력한 근거였습니다.

그러니 그들에게 사도 바울은 하나님의 백성을 훼방하는 자였던 것입니다. 그들이 다 할례를 받고 하나님과 아브라함의 언약이요, 모세 언약에 따라 하나님의 백성으로 모여 있는데 바울이 그들을 이방인과 똑같이 취급합니다. 그래서 그 순간, 그들은 바울에게 "너는 하나님이 세우신 이스라엘과 역사 속에 세워진 하나님의 손길을 다 부정하는 자로 하나님께서 세우신 교회를 훼방하는 자다"라고 오히려 거칠게 저항합니다.

그들의 반발에 대한 바울의 답은 이렇습니다. "너희가 유대인이 된 것은 범사에 유익이 많으니 무엇보다 하나님의 말씀을 맡은 것이다." 하나님의 말씀을 맡은 것은 언약적 지위 아래 그들에게 부여한 너무나 큰 특권이었습니다. 이어서 사도 바울은 이렇게 말합니다. "너희가 바르게 말씀을 받아서 할례를 행했다면, 언약과 모든 율법의 규례의 뜻을 바르게 이해했다면, 조상 대대로 믿어온 신앙의 본을 바르게 따랐다면 얼마나 큰 은혜를 입은 자였겠는가? 그러나 너희가 불신앙으로 그것들을 다 무익하게 만들었을 뿐이다. 그러나 그렇다고 하여도 너희에게 주어진 유대인의 나음, 유대인의 특권이 없는 것이 아니다."

유대인들의 두 번째 반박

그러자 그들은 또다시 반론합니다. "이게 무슨 말인가? 생각해보라. 당신 말대로 우리가 하나님 나라의 백성의 지위에서 떨어진다면, 하나님의 속성상 하나님이 신실하지 못하시다는 말이 되지 않느냐?" 그들은 이제 초점을 하나님께로 향합니다. "너희가 말씀을 맡았으나 너희의 불순종 때문에 소용이 없게 되었다. 너희의 잘못이다."라는 말에 "하나님이 우리를 선택하셨다. 그런데 그분의 신실하심에 대해 네가 부정하는 것이냐?"라며 신론적 논의로 바꾸어 버리는 것입니다. 그러나 바울이 이렇게 말합니다. 3절입니다.

"어떤 자들이 믿지 아니하였으면 어찌하리요 그 믿지 아니함이 하나님의 미쁘심을 폐하겠느냐."

바울은, 너희의 말대로 하나님은 신실하시기 때문에 아브라함의 후손이요, 모세의 언약에 따라 부른 백성을 향한 그분의 구원과 긍휼의 역사는 결코 폐하여지지 않는다고 말합니다. 그 말은 곧 이런 뜻입니다. "너희가 다 하나님의 구원에서 떨어지고 단 한 명만 남아 있더라도 하나님의 미쁘심은 폐하여지지 않는다. 하나님의 언약의 미쁘심과 신실하심은 부르심에 합당한 백성에게 있는 것이지, 외식하며 육신의 할례에 머물고 마음에 할례를 받지 못한 너희에게 있는 것이 아니다. 하나님은 단 한 명의 백성이 남았더라도 그를 구원하기 위해서 언약 안에서 모든 일을 하시는 신실하신 분이고, 나머지가 다 불신앙에 있고 단 한 명만 구원받을 만한 믿음 안에 있더라도 그 한 명을 위하여 모든 일을 행하고 언약을 취소하지 않으신다. 그러니 하나님의 미쁘심을 걱정하지 말고 너희가 하나님 앞에 어떻게 서 있는가를 돌아보라."

그 내용에 대해 4절 말씀은 시편 51편으로 다시 확증합니다.

"그럴 수 없느니라 사람은 다 거짓되되 오직 하나님은 참되시다 할지어다 기록된 바 주께서 주의 말씀에 의롭다 함을 얻으시고 판단 받으실 때에 이기려 하심이라 함과 같으니라."

이는 시편 51편 말씀으로 다윗이 죄를 범하고 주님 앞에 회개하면서 주님이 자신에 대해 말씀하시고 판단하신 것은 전부 의로우며 순전하다는 지지와 동의를 반드시 얻으실 것이라고 고백하는 내용입니다. 그러니까 하나님의 말씀과 판단은 항상 옳다는 사실을 드러내어 하나님은 약속하신 것을 반드시 실행하신다는 사실을 확증함으로써 "하나님의 미쁘심을 폐하겠느냐"라고 묻는 유대인의 반론에 대해 그들의 입을 다물게 합니다.

유대인들은 "이면적 유대인이 유대인이며 할례는 마음에 할지니, 너희는 그렇지 않으므로 하나님 나라의 백성이라는 지위를 확신하거나 주장할 수 없다"는 사도 바울의 말에 드러난 하나님의 판단에 대해 계속해서 반론을 제기합니다. 앞서 두 가지 반론을 살펴보았습니다. 본문의 5-8절에서는 그들의 세 번째 반론을 보게 됩니다.

유대인들의 세 번째 반론

"그러나 우리 불의가 하나님의 의를 드러나게 하면 무슨 말 하리요. [내가 사람의 말하는 대로 말하노니] 진노를 내리시는 하나님이 불의하시냐"(5절).

5절에 첫 번째 상반절은 "그래, 바울 당신의 말대로 우리가 육신의 할례에 그친 자라고 생각해보자. 우리가 하나님의 율법을 자랑했으나 불순종한 자라 가정해보자. 그러나 결과적으로는 하나님의 공의와 영광과 거룩하심이 드러나는 것 아닌가? 다시 말해, 우리는 불의하나 이를 판단하는 하나님의 의가 우리와 대조되어 높임을 받으니, 이 어찌 우리를 책망하실 일이겠는가?"라는 말입니다. 이것은 궤변입니다. 바울은 유대인들이 이런 주장을 제기할 것을 염두에 두고 반박을 펼칩니다.

도대체 이런 반론은 왜 나온 것입니까? 이 반론이 정상적입니까, 비정상적입니까? 비정상적입니다. 이런 말을 하는 사람의 심리적, 영적 상태는 어떨 것 같습니까? 자신을 악하다고 말하는 것을 받아들이지 못하는 상태입니다. 인정을 못하니까 "좋아, 내가 불의해! 그런데 내가 악하고 불의해서 나를 판단하는 하나님의 의로우심과 거룩하심이 드러난다면 내가 그런 도구로 쓰임받는 것 아니냐?"라는 궤변을 펼치며 궁극적으로는 자신의 악함을 부인하려는 것입니다.

참된 신자는 그렇지 않습니다. 참된 신자는 자기의 죄인 됨이 드러난다는 것을 하나님의 의로움이 드러나는 것으로 알고, 회개합니다. 마음을 찢고 "나는 죄인이고 하나님은 의로우시니 내가 주 앞에서 어찌 살겠습니까?" 하고 주의 긍휼을 향해 간절함으로 나아갑니다. 십자가만 생명임을 인정하면 어찌 자기 죄가 오히려 하나님을 의롭게 했으므로 무죄하다고 하겠습니까? 그런 궤변을 펼칠 수 있는 것은 처음부터 자기의 죄인 됨에 대한 회개가 없기 때문입니다.

심지어 8절에서는 "그러면 선을 이루기 위하여 악을 행하자 하지 않겠느냐"라며 바울에게 모든 문제를 뒤집어 씌웁니다. 그들은 "우리의 죄가 클 때 우리 죄를 용서하시는 하나님의 은혜도 참 크다. 얼마나 큰 은혜인가!"라는 바울의 말을 비틀어 "은혜를 더 크게 받으려면 죄를 더 많이 지으면 되겠네."라고 합니다. 이것이 복음을 배척하는 것입니다. "죄를 다 용서한다고? 그럼 죄가 깊을수록 은혜가 더 크겠네? 은혜가 큰 하나님을 찬송하려면 죄를 더 많이 지으면 되겠네? 바울, 네가 말하는 것이 이거야?" 바울이 아니라고 하면 또 이런 식으로 반응할 것입니다. "그렇지. 그건 아니지. 그러니까 죄를 전적으로 용서받는 은혜는 없어. 만일 죄를 선행으로 갚는 게 아니라 하나님의 은혜로 용서받는 거라면 죄를 많이 지을수록 더 하나님의 은혜를 높이는 것인데 그게 말이 돼? 말이 안 되지. 그러니까 전적인 죄사함의 용서는 없어." 그러면서 그들은 율법 앞에 자기의 의를 찾게 됩니다. 다시 마음의 할례를 깨닫지 못하는 자의 궤변이 되는 것입니다. 그러므로 궤변을 늘어놓고 복음을 부인하면서 자신을 정당화시키기 위한 논증의 구조로 나가는 겁니다.

하나님은 악을 심판하시면서 그분의 공의의 영광을 드러내십니다. 우리는 철저하고 정확한 공의의 영광으로 인해 하나님의 탁월한 지혜와 지식과 공의의 완전성을 보게 됩니다. 그것은 그리스도 안에 있는 우리에게는 하나님의 무한한 긍휼의 영광으로 나타납니다. 아들을 보내서서 어떤 죄라도 다 용서하시는 하나님의 긍휼이 얼마나 놀라운 것인지 우리 가운데 풍성하게 나타내시는 것입니다. 반대로 악인들에게는 공의의 영광을 드러내실 것입니다. 그때 그들이 그 영광의 높으심을 바라보면서 "우리가 아니었으면 하나님이 어떻게 그 공의의 영광을 나타내 보이실 수 있겠는가? 우리가 그것을 위해 쓰임받은 것이다"라며 하나님의 영광을 높이는 데 기여한 자신의 공로를 생각하고, "나의 허물은 어쩔 수 없는 필요악이었다!"라며 자신을 향한 심판과 정죄를 무력화하거나 감하려고 시도하는 것이 본문에서 본 궤변과 같은 모습입니다.

로마서에 나오는 이런 논쟁의 모습은 우리가 이 세상에서도 늘 만나는 일입니다. 교회 안에도 이런 부분을 궁금해하는 사람들이 있습니다. 똑똑한 초등부 아이라면 벌써 물어봤을 질문이기도 합니다. "가룟 유다는 참 불쌍하다. 그는 예수님을 팔아넘기는 악역을 했는데, 그가 악해서 악을 행한 것일까? 아니면 하나님의 작정에 따라 그가 악을 행하게 된 걸까?" 하나님의 작정을 가르쳐 놓으니 그에 따라 인간이 살게 되어 있다는 운명론적인 이해로 "그 역을 충실히 감당한 가룟 유다 덕분에 예수님은 십자가에서 죽으시고 우리 죄를 대속하게 되었다. 따라서 어찌 가룟 유다를 악하다고 말할 수 있겠는가? 그는 운명의 희생양이 아닌가? 하나님이 그를 구원 역사의 도구로 쓰신 것이 아닌가? 그런데 어찌 그 가룟 유다를 '멸망의 자식'이라고 말하겠는가?"라는 의문을 가지고 반론을 하는 것입니다.

여러분은 어떻게 생각하십니까? 절대 그렇지 않습니다. 요한복음 17장에는 예수님이 대제사장으로 하나님께 기도를 드리는 장면이 나옵니다. "아버지께서 제게 주신 자들, 바로 이들 가운데 제가 함께 있었으며 저들을 다 거룩하게 하였나이다. 그러나 그들 중에 한 명은 제외가 됩니다. 그는 멸망의 자식입니다." 여기서 멸망의 자식은 유다를 가리킵니다. 사도행전 1장 16-20절에 유다의 능동적 책임성이 등장합니다. 그가 예수 잡는 자들의 길잡이가 되었다고 합니다. 이때 우리가 항상 알아 두어야 할 것은, 모든 죄는 자기 책임에 따라 행하게 된다는 사실입니다.

책임을 전가할 수 없음

이 세상 안에서 행한 우리의 모든 행동에 대해 하나님이 율법 규례에 비추어 선악 간의 판단을 내리실 때, 우리는 행한 일에 대한 책임을 다른 이나 하나님께 결코 전가할 수 없습니다. 그것은 하나님이 만드신 세상의 원리입니다. 우리는 하나님이 그분의 작정에 따라 그 뜻에서 벗어나지 않게 모든 일을 이루어 가신다는 사실을 잘 압니다. 그리고 우리가 인생을 살며 행하는 모든 행위와 말과 마음에 대해 스스로 책임져야 한다는 사실을 분명히 압니다. 그래서 스스로 선한 일을 하면 칭찬을 기다리고, 헌신이나 섬김을 조금 하고 나서 공로를 의식하는 것입니다. 그리고 무언가 잘못하면 죄책감이 찾아옵니다. 바로 이것이 우리가 인생에서 행하는 모든 일에 대한 책임과 행동 관계의 원칙입니다. 우리는 그 원칙에 따라 살게 되어 있습니다.

그러므로 가룟 유다가 예수를 팔아넘긴 그 행위에 대한 책임은 그에게 있습니다. 이것은 가룟 유다가 스스로 인정한 내용입니다. 그래서 그가 예수를 팔아넘기고 받은 돈을 돌려주고 자기 목을 매달아 죽는 자살의 길을 선택한 것입니다. 그는 자기가 어떤 심판을 받게 될지 알고 있었습니다. 그리고 그에게는 회개의 은혜가 없었던 것입니다.

죄에 대한 책임은 스스로 지고 가야 합니다. 그래서 가룟 유다를 가리켜 "예수를 잡아 팔아넘기는 자들의 길잡이가 됐다"고 말하는 것입니다. 아담의 범죄로 인해 원죄가 발생했고, 그 원죄를 해소할 길이 없어 하나님이 우리를 새롭게 중생시키는 은혜를 베풀어 주셔야 했습니다. 우리가 의를 이루어 구원받을 수는 없기 때문에, 우리의 모든 죗값을 치러주시고 율법의 의를 이루어 우리를 의롭게 하시려고 그리스도께서 이 땅에 오셨습니다. 그러면 예수께서 이 땅에 오셔서 우리가 하나님의 자녀가 된 이 놀라운 은혜는 결국 아담의 범죄 덕분이라 할 수 있습니다. 그래서 신학적으로 아담의 범죄를 '복된 범죄'라고 말합니다. 세상에 어떻게 범죄가 복될 수가 있습니까? 그것은 그저 아담의 범죄로 인하여 더 선한 결과가 이루어졌다는 것을 보여주는 신학적인 표현입니다. 아우구스티누스가 제일 먼저 그 표현을 사용했습니다.

그런데 생각해보세요. 예수 그리스도께서 오시면서 우리를 하나님의 자녀로 만드신 이 놀라운 은혜로 아담의 범죄가 정당화되고 합리화됩니까? 그럴 수 없습니다. 그것은 거짓입니다. 왜 유다가 불쌍히 여김을 받거나 아담의 범죄가 합리화될 수 없습니까? 그 이유는 유다의 범죄나 아담의 범죄가 선을 낳은 것이 아니기 때문입니다. 그것은 단지 계기가 된 것이고 그 계기는 악한 것이요, 악을 낳을 수밖에 없으나 하나님의 지혜와 긍휼이 그것을 선으로 바꾸어 낸 것입니다. 그것이 하나님의 은혜입니다.

어떤 이가 죄를 크게 지었습니다. 그전까지 그는 자기 의에 따라 사는 사람이었는데 큰 죄를 짓고 나서 사회적으로 재판을 받고 오랫동안 감옥살이를 하고 주변 사람들에게 손가락질을 받고 수치를 당하고 집안이 다 망해버립니다. 불행한 가운데 그는 감옥에서 예수님을 만납니다. 그리고 예수님을 믿어 깊은 회개 속에 은혜를 입고 새 생명을 얻게 됩니다. 분명 그는 "내가 이 감옥에 들어오지 않았다면 예수님을 만나지 못했을 것이다. 여전히 내가 잘난 줄 알고 그렇게 살다가 죽었을 것이다. 그런데 이 감옥에 와서 오히려 새 생명을 얻었으니 하나님께 참 감사하다"라고 고백할 것입니다. 그 고백까지는 좋습니다. 그런데 그 다음에 그가 "그러므로 여러분도 나처럼 죄를 지어서 놀라운 축복을 받기를 바랍니다"라고 말하면 궤변이 되는 것입니다.

한국 교회의 성장과 부흥을 이야기할 때, 수적인 부흥이 일어난 중요한 이유 중 하나를 말한다면 그것은 교회가 다투고 분열한 것입니다. 교회가 하나가 되어야 합니까, 다투어 쪼개져야 합니까? 어느 것이 옳은 일입니까? 그런데 어느 한 교회가 싸워서 쪼개지고 말았다고 합시다. 그런데 흩어진 사람들이 교회를 세워 세 교회가 되었고, 1980년대에는 그 세 교회가 일정한 규모로 자랐다면 어떨까요? 결과적으로 교회가 부흥했다고 지적하면서 교회가 분열한 것도 할 만했다고 평가한다면, 이 교회사관은 제대로 된 것입니까, 잘못된 것입니까? 잘못된 것입니다. 교회가 분열이 아니라 하나가 되었다면 다른 교회를 세우는 일에 방해가 되었겠습니까? 아마 긍정적이고 건설적이며 적극적인 의미로 교회를 세워가는 일이 계속 있었을 것입니다.

인간이 악을 행해도 하나님은 그것을 선으로 바꾸어 가십니다. 그러나 그 가운데 인간이 자기 악을 정당화하거나 합리화할 수는 없습니다. 그 악이 선으로 바뀐 결과가 나오더라도 하나님은 그 악을 심판하십니다.

이러한 궤변의 불합리성을 잘 보여주는 것이 요셉과 요셉의 형제 이야기입니다. 창세기 50장에 야곱이 죽고 난 다음에 요셉의 형제들은 요셉이 자기들이 행한 악을 벌함으로 갚을까 겁이 났습니다. 그러자 돌아가신 아비의 이름으로 요셉을 설득하러 옵니다. 그들은 요셉에게 "당신의 아버지가 돌아가시기 전에 명령하여 이르시기를"이라고 말하며 아비의 이름을 강조합니다. 그러면서 "네 형들이 너에게 악을 행했어도 잘 돌보라"라고 한 아버지의 말씀을 잊지 말라고 합니다. 요셉은 그 말을 듣고 펑펑 웁니다. 형들의 마음과 생각과 배경 안에 여전히 깊은 회개가 없고, 형들이 자기의 사랑을 이해하지 못한 실상을 본 것입니다. 그들은 회개도 부족했고 요셉을 신뢰하지 못했으며 그 사랑도 다 알지 못했습니다.

그래서 요셉은 "형들이 나에게 해를 끼쳤기 때문에 내가 오늘 애굽의 총리가 된 거 아니요? 이 모든 것은 하나님의 지혜에 따른 뜻이었습니다"라고 말합니다. 그런데 이 말을 들은 형들이 "우리가 안 팔았으면 애굽의 총리가 되었겠나? 가나안 땅에서 우리처럼 똑같이 어려운 생활을 했겠지. 그러니 우리에게 고맙다 말해야 할 걸"이라고 생각한다면 어떨까요? 그것은 바로 회개하지 않은 자의 전형입니다. 벌을 받기에 알맞은 자의 모습인 것입니다. 악을 행하여 심판을 받는 자들은 회개는커녕 그 악으로 벌어진 선을 빙자하여 자기를 변명합니다. 하나님의 공의로운 심판은 낱낱이 그런 것을 찾아 밝힐 것입니다.

오늘날 이 말씀이 적용되는 사례는 많습니다. 복음의 신앙은 결과주의, 결과론이 아닙니다. 개인이나 기업은 성공을 해야 될지 몰라도, 교회는 그렇지 않습니다. 교회는 성공주의가 아닙니다. 결과는 하나님의 손에 맡기고 진실성과 교훈에 합당하게 선택하는 과정이 중요합니다. 만일 교회의 일을 능률과 효율과 업적으로 본다면, 우리 가운데 은사에 따라 한다는 말을 내세우면서 성과에 따라 판단하고 설교하는 일이 벌어질 것입니다. 그것은 하나님의 뜻이 아닙니다. 예수님의 이름을 명분 삼아, 그것이 교회에 도움이 된다고 말하며 부적절한 것을 합리화하는 일이 많은데, 그것은 매우 잘못된 일입니다.

예를 들어 도박장을 하나 만들자 하여 왜 만드는가 하니 수입이 많다며 그것으로 선교사에게 돈을 보내자고 한다면 이것이 말이 됩니까? 그것은 불법, 악한 일, 하나님이 기뻐하시지 않는 일입니다.

유대인들은 스스로 하나님의 말씀을 어떻게 왜곡했는지를 지적받는 일에 대해 절실히 깨닫지 못한 채 도리어 "우리를 정죄하면 하나님이 더 높아지신 것이요, 우리가 거짓을 말하면 하나님의 진리가 더 드러나는데 하나님이 우리를 어찌 정죄하시겠는가?"라는 궤변을 늘어놓고 "그러면 은혜를 더하려고 죄를 더 행하면 좋겠나? 그 말을 하는 건가?"라고 반문합니다. 그들은 자신의 악함을 제대로 보지 못하는 그런 어둠 속에 빠졌습니다.

본문을 통해 깨달았듯이 이제 은혜 가운데 있는 자의 합당한 태도가 무엇인지 생각해보면서 주님 앞에 나아가고 하나님의 심판은 결코 불의함이 없다는 사실을 늘 생각하시기를 바랍니다.

15. 다 죄 아래에 있도다

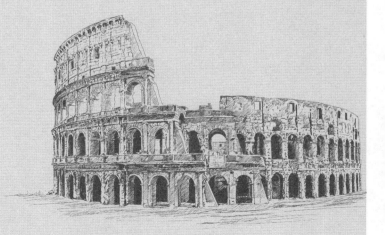

그러면 어떠하냐. 우리는 나으냐. 결코 아니라. 유대인이나 헬라인이나 다 죄 아래에 있다고 우리가 이미 선언하였느니라. 기록된 바 의인은 없나니 하나도 없으며 깨닫는 자도 없고 하나님을 찾는 자도 없고 다 치우쳐 함께 무익하게 되고 선을 행하는 자는 없나니 하나도 없도다. 그들의 목구멍은 열린 무덤이요 그 혀로는 속임을 일삼으며 그 입술에는 독사의 독이 있고 그 입에는 저주와 악독이 가득하고 그 발은 피 흘리는 데 빠른지라. 파멸과 고생이 그 길에 있어 평강의 길을 알지 못하였고 그들의 눈 앞에 하나님을 두려워함이 없느니라 함과 같으니라.

로마서 3:9-18

인간의 도덕성과 양심

본문은 인간의 전적 부패에 대해 중요한 근거 구절로 사용되는 부분입니다. "사람 가운데 의인은 없다. 인간은 전적으로 부패해 있다."라는 사실을 논증합니다. "인간은 전적으로 타락해 있다, 부패해 있다."라는 말은 대체 무슨 뜻입니까?

우리에게는 일정한 수준의 도덕성이 있고 양심이 작용합니다. 사람들은 거기에 희망의 지푸라기를 잡으려 합니다. 우리가 나쁜 짓을 하거나 도덕적으로 타락한 짓을 하면, 우리의 내면에 불안감이 생겨 가만히 있지 못하고 심장이 쿵쿵 뛰며 '혹시 누가 봤을까? 남이 보지 않았어도 하나님은 보셨겠지'라는 생각과 함께 두려운 마음을 갖게 됩니다. 그 두려움은 우리 안에 도덕적인 영향력이 작용하고 있다는 것을 증거해줍니다. 반대로 우리가 어떤 착한 일을 했다 싶을 때는 마음에 기쁨이 옵니다. 착한 일을 한 다음에 불쾌감을 갖는 사람

은 근본적으로 이상한 사람입니다. 억지로 착한 일을 해야 하고 강요
받아서 착한 일을 하는 경우에는 불쾌할 수도 있지만, 대부분 착한
일을 하면서는 "혹시 누가 안 봤을까? 누가 안 알아주나?" 생각하고,
알아주길 바라고, 또 알아주면 그 사실 자체로 기분이 나쁘지 않습
니다. 도덕성과 관련된 상급이나 벌, 칭찬과 두려움들이 우리 안에서
작용하고 있다는 증거입니다. 그래서 사람들은 그것들을 근거로 "그
렇다면 우리에게 약간의 선이 있는 것이 아닌가?"라며 이렇게 말합
니다. "보라, 우리가 잘못하면 두려움을 얻고, 잘하면 기쁨도 있지 않
느냐. 그렇기 때문에 우리는 그렇게 부패한 것이 아니고 최소한의 도
덕적인 능력과 도덕성은 갖고 있다. 그것이 인간이 짐승과 다르다는
이야기가 아니겠는가? 인간의 탁월함이 아니겠는가?" 이렇게 소망
의 끈을 한번 잡아보는 것입니다.

사실 인류는 "무엇이 옳고, 어떻게 해야 도덕성을 함양할 수 있는
것인가"와 관련해서 많은 노력을 했고, 이에 대해 본을 보이거나 가
르침을 풍성히 전해준 사람도 있습니다. 그래서 다른 종교에서도 좋
은 도덕성에 대해 가르칩니다. "미워하지 말라. 정의롭게 살라. 다른
사람을 용서하라. 욕망을 갖지 말라. 무소유의 마음을 가지라" 등의
내용을 가르치는 것입니다. 그런 것은 다 우리에게 감동을 주고 일
정한 종교성에 비추어 도덕적인 능력을 함양하게 도와줍니다. 사람
마다 차이가 있지만 누구에게나 일정한 수준의 도덕성을 지니고 살
아갈 능력이 남아 있는 것은 사실입니다. 우리에게 그런 면이 있습
니다.

그래서 사람들은 본문에 나온 "의인은 없나니 하나도 없다"는 말에 대해 반발을 하고, "하나님 앞에서 모두 죄 아래에 있다"는 말에 대해서도 그렇지 않다며 자기 증거를 내밉니다. 우리가 다 알듯이 사람에게 일정한 수준의 도덕성이 있는 건 사실이지만, 그중에는 양심에 화인 맞고 눈곱만큼의 도덕성을 찾을 수 없을 만큼 악한 자도 있습니다. 자기 행동에 그 도덕적 가치와 판단을 갖지 않을 만큼 마음이 굳어진 자들이 있는 것입니다. 그러나 그런 사람은 예외이고, 보통 사람들은 양심과 도덕성에 따라 질서를 지키며 또 거기에서 공의를 이루고 여론을 만들고 판단하며 살아갑니다.

여론을 보면 이 세상에 일정한 도덕성이 영향을 미친다는 것을 알 수 있습니다. 여론을 조작하는 것은 사람들 마음속에 남아 있는 공의성을 들추어내는 것입니다. 왜곡된 정보로 그 공의성을 자극해 잘못된 일에 격분을 일으키게 하는 것입니다. 이렇게 여론을 조작할 수 있는 것은 사람들 마음속에 일정한 수준의 보편적인 도덕성이 남아 있기 때문입니다. 그런 것이 아예 없으면 조작 자체가 되지 않습니다. 그러니까 일정한 공의성을 무분별하게 작동할 수 있도록 정보를 왜곡시켜 넣어주는 것입니다. 그러면 한순간에 "예수는 십자가에 못 박아 죽여야 할 자다"라는 공의감에 불타서 그를 죽이라고 외치게 되는 것입니다. 공의로 포장하면 격한 감정 속에서 자기를 정당화시키면서 힘을 모으게 됩니다. 이런 것이 다 우리 안에 일정한 도덕성이 보편적으로 있다는 사실을 말해줍니다.

죄 유무를 자신이 설정한 기준으로 판단할 수 없음

그러면 죄가 무엇이기에 "다 죄 아래에 있다"라거나 "우리가 결코 낫지 못하다"고 말하는 것입니까? 우리 나름의 도덕성의 일정한 작용에 의해 "죄가 있다, 없다"를 판단하는 것이 아닙니다. 하나님은 창조주시요 우리는 피조물인데, 우리가 피조물의 본분에서 벗어날 때 그 자체가 죄가 됩니다. 우리는 하나님이 죄가 있다, 없다를 결정하시는 분이라는 사실에 대해 동의하지 못할 만큼 부패해 있습니다. 하나님을 대적하고 있으면서도 자신의 행위가 자기가 인식하는 도덕 수준에 따라 인정받을 만하다 싶으면, 자기의 행위와 생각을 죄가 아니라고 말합니다. 이렇게 생각하면서 우리는 자기 합리화를 이루어 갑니다.

하지만 피조물은 '죄가 있느냐 없느냐, 의가 있느냐 없느냐'를 스스로 함부로 판단할 것이 아니라, 먼저 하나님 앞에서 자기가 하나님과 어떤 관계 안에 있느냐를 살펴야 합니다. 이 사실에 "네"라고 할 수 있으면 그가 신앙 안에 들어온 것이요, 죽은 자가 아니라 산 자가 되는 것이고, "그런 게 어디 있느냐. 하나님과의 관계는 일단 내려놓고, 도덕법이라는 기준에 비추어 우리가 어떠한지를 판단해야지!"라고 한다면 그는 하나님을 제외시키는 그 순간에 이미 죽은 자임에도 불구하고 스스로를 산 자로 간주하는 잘못된 인식을 하게 되는 것입니다. 그런 사람은 "하나님을 인정해야만 선인가? 하나님 없이도 우리가 선할 수 있다는 생각을 열어 두어야 되는 것이 아닌가?"라며 하나님 앞에서 잘못되면 다 잘못이고 죄가 된다는 말에 펄쩍 뛰고 싶은 마음이 듭니다.

하나님 없이 우리 스스로 옳고 그름의 기준을 세워서 그 규칙에 합당하면 선이라 판단하고 하나님이 이것을 인정해야 한다고 주장하는 것은 그 자체가 죄입니다. 그것은 하나님을 우리의 판단의 대상으로 내려 버리는 것입니다. 다시 말해, 우리가 가진 인식과 판단의 기준에 하나님까지 종속시키는 것입니다. "우리가 옳다고 하면 하나님도 옳다고 해야 하는 것이지, 우리가 옳다고 말하는 것을 하나님이 아니라고 하면 하나님이 잘못된 것이야"라고 말하는 것입니다. 그렇게 생각하는 순간, 피조물이 하나님 위로 올라가게 됩니다. 이 부분에 동의하거나 "아멘" 하지 못하면 믿음의 신앙생활을 하더라도 여전히 하나님은 수단이요, 방편이요, 우리가 판단해야 될 대상으로 서 있는 것일 뿐, "하나님은 우리의 주인이요, 왕이요, 마땅히 영광을 받기에 합당하신 분이요, 우리는 그분의 뜻대로 사는 자들이요, 우리 존재의 시작과 끝은 하나님을 영화롭게 하는 데 있다"라는 고백의 참된 의미를 모르는 자가 됩니다.

전적 부패의 의미

하나님은 우리가 생각할 수 있는 그 어떤 것보다 크신 분입니다. 따라서 의와 불의, 선과 악의 최종 기준은 하나님이 옳다 하신 일에 내가 바르게 서 있느냐, 그렇지 않느냐에 달려 있는 것입니다. 사람들이 옳다 하는 일들이 하나님이 보실 때는 죄악이요, 불의한 일인 것이 많습니다. 사람이 아무리 그것을 아름다움으로 포장하며 이야기해도 하나님이 보실 때는 죄입니다. 그래서 인간이 전적으로 부패해 있다는 것은 도덕성 자체가 말라 버려서 우리에게 어떤 도덕적 능력이나 양심의 작동 자체가 완전히 안 된다는 것이 아니라, 삶의 목적과 가치가 하나님 앞에 있지 않고 하나님을 외면하거나 하나님보다 더 큰 가치가 있다고 믿고 그것을 추구해가는 인생을 사는 것을 말합니다.

예를 들어, 어떤 사람이 평생 하나님을 부르고 신앙생활을 열심히 하고 목회를 하며 주의 말씀을 열심히 전하면서, 모든 신앙과 목회의 초점이 사람들의 인정을 받고 자기 비전을 성취하고 결과적으로 자기 만족을 이루는 데에 있다고 합시다. 그러면 그것은 외적으로는 하나님께 영광 돌리는 형식을 띠고 있지만 실제로는 자기 영광을 취한 것이 됩니다. 그것은 우상숭배요, 죄 가운데 있는 것이요, 하나님 앞에 의로운 자의 신앙생활을 하지 못한 것이 됩니다. 돈이든 권력이든 쾌락이든 지식이든 명예든, 그 어떤 것이든지 하나님보다 더 귀한 것으로 작용한다면 그것은 죄입니다. 전적으로 부패했다는 것은 하나님과의 관계 자체가 뒤틀려서 본래부터 마음에 바라는 것 자체가 하나님이 아니라 따로 있는 것입니다. 꽤 신앙이 있는 것 같지만 실은 신앙의 본질이요, 원리에서 벗어나 있는 것입니다. 이것은 속임수요, 자기기만이요, 나중에 하나님 앞에서 "우리가 주의 이름으로 귀신을 내쫓고 주의 이름으로 선지자 노릇을 하고 주의 이름으로 능력을 행했는데 어찌 우릴 모른다고 하십니까?"라고 묻는 말을 하게 될 처지가 되고 맙니다. 하나님은 그런 자들에게 "불법을 행하는 자들아"라고 하셨습니다(마 7:23). 여기서 불법을 행하는 자는 율법의 계명을 다 지키지 못한 자를 말하는 게 아니라, "하나님을 사랑하고 이웃을 사랑하라"라는 절대 가치를 떠난 자를 가리킵니다. 종교성이 있어도 절대 가치, 궁극적 가치를 떠나 있으니, 죄 아래에 있는 것입니다. 그들은 그것이 죄라는 사실을 알지 못했습니다. 그래서 회개의 방향이 늘 피상적이고, 거룩한 변화요 성화의 모습이 나타나지 않은 것입니다. 후회가 살짝 스쳐갈 뿐 영혼의 중심이 하나님 중심의 삶으로 옮겨가지는 못한 것입니다. 전적 부패란 일정한 수준의 도덕성이 없다는 것이 아니라 하나님과의 관계가 근본적인 반대 방향이요, 굴절이나 뒤틀림 가운데 있는 것입니다. 목적 자체가 하나님께 있지 않아서 하나님의 교훈대로 살아가는 것을 소원하지 않으며, 그 교훈을 지키고자 해도 그 일을 형식으로 삼아 일상은 자기를 섬기는 일이 되는 것입니다. 이것이 바로 유대인이 악에 빠지는 모습입니다.

왜 우리는 노력하고 착하게 살려 하고 주의 말씀을 지키려 하는 이 종교성 자체를 귀하지 않는 것처럼 말할까요? 그것은 귀합니다. 신앙은 인격적인 경륜을 통해 이루어지므로 하나님 앞에 노력하고 애쓰고 습관을 붙이려 하는 것은 다 중요합니다. 그런데 때때로 이것이 아무것도 아닌 것처럼 이야기하는 이유는 그것이 방향을 바꿔버릴까봐 그런 것입니다.

인공지능이 우리의 생활 곳곳에 들어오면서 이것이 인류의 재앙이냐, 축복이냐는 논란이 많습니다. 답은 뻔합니다. 선하게 작용되면 선한 것이요, 악하게 작용되면 악한 것입니다. 그러면 인공지능 자체를 로봇이라고 합시다. "로봇이 과연 우리에게 선할 것이냐, 악할 것이냐?" 이것은 윤리학자나 로봇공학자들이 답을 내릴 것입니다. 그런데 설계된 프로그램대로 움직이는 로봇이라면, 그 로봇은 악한 인간이 조작하지 않는 한, 선할 것입니다. 주인의 문제이지 로봇 자체의 문제는 아닐 것입니다. 그런데 인공지능에게 스스로 판단하는 자율성을 부여하는 데까지 나아간다면 이 문제는 조금 심각해집니다. 어떤 주인에게 쓰임을 받느냐가 아니라 로봇 자체가 자율성을 갖고 있다면 그것이 인간에 대하여 대항적 관계인지 선의적 관계인지는 두고 봐야 할 문제인 것입니다. 불행하게도 어떠한 로봇이 자율성이 부여된 상당한 수준까지 올라왔는데 사람을 해치는 쪽이 자신에게 유익하다 생각하여 사람에게 대항하거나 대적한다면, 그 로봇은 인간에 대하여 존재 자체가 '악'이 됩니다. 그 로봇에 선한 것이 전혀 없는 것은 아닙니다. 그것이 갖고 있는 지성적인 면, 물리적인 힘, 또는 나름대로 판단하는 메커니즘의 탁월성은 훌륭하다고 인정할 만합니다. 하지만 하나님이 만드신 인간을 파괴하는 역할을 하는 이상, 그것은 이미 '악'일 뿐입니다. 물론 하나님과 우리 사이를 거기에 빗댈 수는 없지만, 원리는 마찬가지입니다. 하나님을 대적하는 한, 인간에게는 스스로 '선'이라고 말할 것이 없습니다. 결국 "죄 아래에 있다"는 말은 "선이냐 악이냐를 결정하는 궁극적인 기준은 하나님이

다"라는 사실로부터 비롯되어야 합니다.

의인은 없으니 하나도 없다

"그러면 어떠하냐 우리는 나으냐 결코 아니라 유대인이나 헬라인이나 다 죄 아래에 있다고 우리가 이미 선언하였느니라"(9절).

사도 바울은 "우리는 나으냐"라고 되묻습니다. 여기서 "우리"는 그리스도인을 의미합니다. 즉, 사도 바울이 "우리는 그리스도인이지만, 만일 우리에게 그리스도가 없다면 우리가 특별하겠느냐"라고 묻는 것입니다. 만일 우리에게 그리스도가 없다면 우리는 다른 이들보다 더 낫습니까? 바울은 이어서 "결코 아니라"고 말합니다. 그러면서 "우리가 이미 선언하였느니라"라고 말합니다. 로마서 1장 18-19절은 이렇게 말합니다.

"하나님의 진노가 불의로 진리를 막는 사람들의 모든 경건하지 않음과 불의에 대하여 하늘로부터 나타나나니 이는 하나님을 알 만한 것이 그들 속에 보임이라 하나님께서 이를 그들에게 보이셨느니라."

하나님이 모든 사람에게 그분을 알 만한 것을 보이셨고, 이에 그들이 핑계하지 못할 것이라고 말씀합니다. 이 말씀은 보편적인 인류에 대한 것입니다. 로마서 1장 18-32절 전체는 보편적인 인류, 특히 이방인들이 왜 죄인인지 논증합니다.

로마서 2장 1절부터 3장 8절, 그리고 오늘 읽었던 본문까지 전체적으로 "유대인들은 어떠하냐"라는 내용이 이어지고 있습니다. "그들은 율법이 있지만 알면서도 행하지 않은 자들이다. 그들은 할례를 받았지만 할례를 무익하게 만든 자들이다. 따라서 유대인은 나을 것이 하나도 없다."라고 쭉 논증해 왔습니다. 본문 9절을 풀면 이렇게 말할 수 있습니다. "유대인이나 헬라인이나 다 죄 아래에 있다고 우리가 이미 밝히 말했으니 더 이상 말할 것이 무엇이 있는고? 우리가 그리스도인이 아니었다면, 즉 그리스도 바깥에 있었다면 우리도 유대인이나 헬라인이라는 그 인류 범주 안에 들어갔을 것이고 그러면 우리도 죄 아래에 있다는 이 선언에서 벗어날 수 없다."

여러분, 이것은 귀납적으로 살펴보면 답이 금방 나옵니다. 연역적으로 말하면 추상적인 것 같지만 귀납적으로 보면 명확합니다. 우선 자기를 들여다보세요. 여러분은 자신이 의인이라는 생각이 듭니까? "이런 죄인이 어디 있나"라고 생각할 것입니다. 옆 사람을 보세요. 그 사람이 의인으로 보입니까? 만일 그렇다면 그것은 잘못된 시각일 것입니다. 범위를 넓혀 일본은 어떻습니까? 그들은 의인입니까? 어느 민족이든 나라든, 인류 전체는 모두 죄인입니다. 너무나 극단적인 선언 같지만 실제로 죄인이 아닌 사람은 없습니다. 어느 민족이든 나라든, 어느 곳을 가든 어떤 문화를 보든, 모든 문화 속에는 아름다움이 있습니다. 도덕성의 일정한 수준, 즉 자식을 돌보는 사랑,

애틋한 우정, 이웃 간의 따뜻한 사랑이 다 있습니다. 그러나 깊숙이 들여다보면 그것들은 전부 죄악으로 물들어 있습니다. 그래서 죄악의 행위를 소재로 한 문학과 영화를 전 세계 모든 사람이 보편적으로 함께 즐기는 것입니다. 그리고 온 인류가 죄 아래서 신음하며 삽니다.

이를 로마서 5장에서는 "다 죽지 않느냐"라며 죽음을 증거로 내세웁니다. 다 죽는다는 것은 결국 죄 아래 놓여 있다는 사실에 대한 가장 강력한 증거가 됩니다. 그렇게 해서 본문 10절에 이런 선언이 나옵니다. "기록된 바 의인은 없나니 하나도 없다." 그리고 전도서 7장 20절은 이렇게 말합니다. "선을 행하고 전혀 죄를 범하지 아니하는 의인은 세상에 없다." 율법이 요구하는 것은 하나님을 사랑하고 예수님을 사랑하는 것입니다. 말씀드린 대로, 사람들이 볼 때 썩 괜찮은 사람이라도 하나님을 사랑하지 않으면 그도 죄인인 것입니다. 인간이 볼 때는 도덕적으로 탁월해 보여도 하나님을 사랑하지 않는 사람은 인간이 보지 못하는 또 다른 도덕적 타락성을 갖고 있기 때문입니다. 이것은 필연적입니다.

여러분, 간디가 훌륭하다고 하지만 그의 일생을 세부적으로 들여다보면, 그에게도 도덕적 타락성으로 어그러진 모습이 많습니다. 세종대왕은 얼마나 훌륭합니까? 그러나 그의 삶과 마음을 다 들여다보면 그도 죄인입니다. 충무공 이순신 장군은 얼마나 훌륭한 사람입니까? 그분의 어록을 보면 진짜 좋은 말이 많습니다. 영화 〈명량〉을 보면 성경에서 본 듯한 대사가 많이 나오지 않습니까? 그러나 그의 삶을 들여다보면 그도 죄에서 못 벗어나 있습니다. 본문 11-12절을 읽어봅시다.

"깨닫는 자도 없고 하나님을 찾는 자도 없고 다 치우쳐 함께 무익하게 되고 선을 행하는 자는 없나니 하나도 없도다"(11-12절).

근본적으로 영적인 사실을 깨닫는 지각과 진리에 대한 이해가 부패해 있다는 것입니다. 그러니까 하나님을 찾지도 않습니다. 자신이 죄인이요, 부패한 자요, 주의 긍휼과 자비의 용서 없이는 살아갈 수가 없는 자라는 것을 깨닫지 못하고, 인간은 근본적으로 악하니 하나님의 도우심만 구해야 한다는 기본적인 깨달음도 없습니다. 자기 부패상을 봐도 도덕적으로 자신을 돌아보는 깊은 이해까지는 미치지 못하는 것입니다. 시편 14편 2-3절 말씀입니다.

"여호와께서 하늘에서 인생을 굽어살피사 지각이 있어 하나님을 찾는 자가 있는가 보려 하신즉 다 치우쳐 함께 더러운 자가 되고 선을 행하는 자가 없으니 하나도 없도다."

또 에베소서 4장 17-19절을 읽어보겠습니다.

"그러므로 내가 이것을 말하며 주 안에서 증언하노니 이제부터 너희는 이방인이 그 마음의 허망한 것으로 행함 같이 행하지 말라 그들의 총명이 어두워지고 그들 가운데 있는 무지함과 그들의 마음이 굳어짐으로 말미암아 하나님의 생명에서 떠나 있도다 그들이 감각 없는 자가 되어 자신을 방탕에 방임하여 모든 더러운 것을 욕심으로 행하되."

17절에 마음이 허망하다는 표현처럼, 헛된 것에 소망을 두고 살아가니 총명이 어두워지고 영적 지각이 없는 것입니다. 그들은 하나님에 대한 지식이 전혀 없습니다. 마음이 굳어서 들어도 깨닫지 못하고 거부합니다. 그러니 19절에 나온 대로 "감각 없는 자가 되어" 옳고 그름을 분별하지 못하고 결국 방탕, 더러움, 욕심에 그대로 끌려다니면서 행하는 것마다 다 악해지는 것입니다. 이것이 바로 본문 11-12절의 또 다른 설명인 것입니다.

이어서 에베소서 4장 20절은 "오직 너희는 그리스도를 그같이 배우지 아니하였느니라"라고 말합니다. 이 말씀은, 그리스도인은 그리스도 안에 있기 때문에 거기서 벗어나 그들에게 새로운 생명이요, 새로운 지각이요, 주님을 향해 돌아서는 그런 특별한 삶의 전환이 일어난다는 것을 나타냅니다. 우리가 온전한 것이 결코 아닙니다. 우리는 불완전합니다. 우리는 종종 우리보다 도덕적으로 탁월한 믿지 않는 자가 있을 때 부끄러움을 당할 때도 있습니다. 그럼에도 불구하고 우리가 근본적으로 의인인 것은 죄 사함을 받았을 뿐더러 우리 마음속에 하나님을 향해 일어나는 새로운 변화 때문입니다. 우리가 하나님의 영광을 늘 생각하면서 사는 사람이 된 것입니다.

때로는 하나님의 영광을 무시하며 자기의 욕망대로 살아가던 신자가 어느 순간에 하나님께 돌아서기도 합니다. 웨스트민스터 대요리문답 81문답에는 "참 신자는 성령 하나님의 내주와 도움을 받아 완전한 절망에 가라앉도록 내버려 둠을 당하지 않는다"라고 나옵니다. 어떤 사람들은 탕자처럼 하나님을 떠나 살 수도 있으나, 그들은 결국 성령 하나님의 은혜로 돌아오게 됩니다. 이 돌이킴의 은총 속에서 하나님의 영광대로 살지 못한 깊은 후회와 탄식이 있고, 그 안에서 용서를 구하고 새롭게 살아갈 마음이 일어나게 되는 것입니다. 그리고 그 순간에 '거룩한 자'라는 인정을 받게 됩니다. 십자가에 달려 죽을 만큼 평생 강도 짓을 한 사람이 예수님께 "예수여 당신의 나라에 임하실 때에 나를 기억하소서"라고 말합니다. 그리고 그 한마디 속에 담긴 회개 때문에 예수님은 그가 하나님 나라에 간다고 말씀하십니다(눅 23:42-43). 죄인이라도 그가 하나님께 돌아서는 그 순간에, 그는 하나님이 인정하시는 은혜를 입게 됩니다. 그것이 바로 은혜입니다.

목구멍 속에 있는 더러운 것들

13-14절은 "그들의 목구멍은 열린 무덤이요 그 혀로는 속임을 일삼으며 그 입술에는 독사의 독이 있고 그 입에는 저주와 악독이 가득하고"라고 말합니다. 목구멍을 지나면 혀가 나오고, 혀를 지나면 입술이 나오고, 입술을 지나면 입에서 쏟아지는 말이 나올 것입니다. 11-12절은 "마음으로 다 치우쳐 깨닫지 못하고 무익하게 됐다"라며

우리 내면의 부패성을 설명했습니다. 그래서 13절이 말하는 것처럼 부패한 마음에서 목구멍을 통해 열린 무덤과 같이 썩은 냄새가 진동하는 더러운 것이 쏟아져 나오는 것입니다. 그러니까 목구멍은 열린 무덤과 같습니다. 하나님이 부패한 인간을 보시고 그의 목구멍을 들여다보시는 것은 무덤을 열어보는 것과 똑같다는 것입니다. 열린 무덤에는 썩은 시체 덩어리에 구더기가 가득합니다. 그것이 바로 우리의 심령입니다.

그 열린 무덤, 곧 목구멍에서 혀가 움직이면서 거짓말을 날마다 일삼습니다. 입술은 부드럽지만, 입술을 움직여 소리 낸 그 말을 따라가면 살인이 되는 것입니다. 그래서 본문은 "그 입에는 저주와 악독이 가득하"다고 표현했습니다. 의도 자체가 다 악하기 때문입니다. 이 말은 사도 바울이 고안한 것이 아니고 성경 곳곳에 있는 말입니다. 시편 5편 9절에는 "그들의 입에 신실함이 없고 그들의 심중이 심히 악하며 그들의 목구멍은 열린 무덤 같고 그들의 혀로는 아첨하나이다"라고 나옵니다. 사극을 보면 궁궐 안에 권력 다툼이 얼마나 많습니까? 세상이 권력의 탐욕, 돈의 탐욕 때문에 움직이지 않습니까? 세상에는 더러운 정욕의 만족을 추구하는 일이 너무 많습니다.

하지만 그 안에서도 일정한 질서를 가지고 살아가는 일과 선한 행실이 많이 나타납니다. 그것은 전부 하나님의 은혜입니다. 우리 안에 그 정도도 남겨 두지 않으시면 진짜 지옥이 되어버리니까 하나님이 남겨 두신 것입니다. 그런데 사람들이 패역하여 하나님이 오래 참으심으로 남겨주신 그 선한 흔적을 가지고 자신에게 소망을 두니, 성경은 인간에게 소망이 있느냐고 말합니다. 예레미야 17장 9절에는 "만물보다 거짓되고 심히 부패한 것은 마음이라 누가 능히 이걸 알리요마는"이라 말하고, 시편 55편 21절에는 "그의 입은 우유 기름보다 미끄러우나"라고 말합니다. 그리고 "우유 기름보다 미끄러우나 그의 마음은 전쟁이요"라고 덧붙여 말합니다. 즉, 죽이고자 하는 것이 목표인 것입니다. 또 시편 140편 3절에는 "뱀 같이 그 혀를 날카롭게 하니 그 입술 아래에는 독사의 독이 있나이다"라고 나옵니다. 본문 13절은 그 말을 인용해서 쓴 것입니다.

성경을 보면 사울이 다윗에게 이렇게 말합니다. "내 맏딸 메랍을 네게 아내로 주리니 오직 너는 나를 위하여 용기를 내어 여호와의 싸움을 싸우라"(삼상 18:17). 왕이 이렇게 말하면 얼마나 격려가 되겠습니까. 이는 사울이 다윗의 용맹을 칭찬하고 사랑하는 것처럼 보입니다. 그런데 그 다음에 "이는 그가 생각하기를 내 손을 그에게 대지 않고 블레셋 사람들의 손을 그에게 대게 하리라"라는 말씀이 나옵니다. 실제로는 사울의 마음에 "내 손에 피를 묻히지 않고 그를 죽여야겠다"는 사악한 생각이 들어 있는 것입니다. 사울은 유대인들에게 인정을 받는 다윗이 싫었던 것입니다.

다윗도 비슷한 죄를 짓습니다. 다윗이 우리아의 아내 밧세바를 데려다가 동침하였는데 그 여인이 임신하게 됩니다. 사무엘하 11장 7-10절을 보면 다윗이 우리아에게 하는 이야기가 나옵니다. 다윗이 전쟁터에 있는 우리아를 불러 전쟁의 상황을 묻습니다. 그리고 그에게 이제 집으로 들어가서 좀 쉬라고 말합니다. 얼마나 자애로운 왕의 사랑입니까? 그러나 우리아는 집으로 가지 않고 왕궁 문에서 모든 부하들과 함께 야영을 합니다. 전장에 있는 동료들을 생각해서 도무지 편하게 잘 수 없었던 것입니다. 사실 다윗의 그 배려는 우리아를 따뜻하게 보호하려는 것이 아니라 자신의 허물을 감추고자 하는 독이었습니다. 결국 다윗은 요압에게 "전장에서 우리아를 가장 앞에 두라"고 지시합니다. 이는 전투에 있어서 전략적인 하나의 지시 같지만, 사실 그 속에는 독이 들어 있었습니다. 요압은 다윗의 의도를 금방 간파하고 그렇게 했습니다. 다윗은 전쟁이 어떻게 되었느냐고 묻습니다. 다윗의 계산된 모든 허물이 말을 통해 포장되어 드러나는 것입니다. 정말 인간은 죄인입니다. 말을 부드럽게 하는 일은 굉장히 중요합니다. 그러나 남을 해치면서 자신의 이익을 얻고자 부드럽게 하는 것은 "입술은 부드러우나 저주와 악독이 있다" 하는 것과 다를 바 없습니다.

행동의 죄

15-17절에는 행동으로 인한 부패상이 드러납니다. 15절은 "발은 피 흘리는 데 빠른지라"라고 말합니다. 이는 사람이 악을 행하여 자신의 이익이나 목적한 바를 취하는 데 신속하다고 말하는 것입니다. 반대로 다른 이의 어려움을 돌보고 사랑하는 데는 느리다고 합니다. 우리는 악을 행하는 데 얼마나 신속한가요? 본문의 이 부분은 이사야 59

장에서 인용된 내용입니다. 이사야 59장은 하나님이 이스라엘 백성을 향해 하신 말씀입니다. 이스라엘 백성을 향해 적나라하게 표현했습니다.

"여호와의 손이 짧아 구원하지 못하심도 아니요 귀가 둔하여 듣지 못하심도 아니라 오직 너희 죄악이 너희와 너희 하나님 사이를 갈라 놓았고 너희 죄가 그의 얼굴을 가리어서 너희에게서 듣지 않으시게 함이니라 이는 너희 손이 피에, 너희 손가락이 죄악에 더러워졌으며 너희 입술은 거짓을 말하며 너희 혀는 악독을 냄이라 공의대로 소송하는 자도 없고 진실하게 판결하는 자도 없으며 허망한 것을 의뢰하며 거짓을 말하며 악행을 잉태하여 죄악을 낳으며 독사의 알을 품으며 거미줄을 짜나니 그 알을 먹는 자는 죽을 것이요 그 알이 밟힌즉 터져서 독사가 나올 것이니라 그 짠 것으로는 옷을 이룰 수 없을 것이요 그 행위로는 자기를 가릴 수 없을 것이며 그 행위는 죄악의 행위라 그 손에는 포악한 행동이 있으며 그 발은 행악하기에 빠르고 무죄한 피를 흘리기에 신속하며 그 생각은 악한 생각이라 황폐와 파멸이 그 길에 있으며 그들은 평강의 길을 알지 못하며 그들이 행하는 곳에는 정의가 없으며 굽은 길을 스스로 만드나니 무릇 이 길을 밟는 자는 평강을 알지 못하느니라"(사 59:1-8).

이스라엘 백성은 하나님의 언약 백성입니다. 성전이 있었고 제사가 있었고 안식일이 있었습니다. 그리고 그들은 절기에 따라 희생제물을 드렸습니다. 그들의 손에 모세의 율법이 있었고 그들은 그것을 들은 자들이었습니다. 그런데 그들 가운데 평강이 없습니다. 이 평강은 오직 예수 그리스도 안에 있는 것입니다. 하나님의 말씀에 순종함으로 누리는 평강입니다. 그러니 불순종하고 평강을 구하는 것은 어리석은 일입니다. 이 세상에서 그리스도 바깥에 있는 자들에게 참된 평강이 있겠습니까? 그리스도 안에 있는 우리도 세상 염려와 연약한 옛 사람의 죄성이 작동해서 주께서 주시는 평강을 누리지 못할 때가 많거늘, 그리스도 바깥에 있는 사람이라면 더하지 않겠습니까?

여러분도 예수님을 믿지만 평안하기만 한 것은 아닐 것입니다. 평안이 없는 것은 우리가 죄 아래 살기 때문입니다. 이 세상은 주께서 다시 오실 새 하늘과 새 땅이 아니요, 눈물과 고통과 사망이 없는 세상이 아니기 때문입니다.

만일 여러분 안에 예수님이 없다고 생각해보세요. 인생이 어떨 것 같습니까? 예수님 없는 연약한 옛 사람의 성품을 따라 살고 시험에 들고 비위 상하고 속상하고 뒤틀어지고 좌절과 아픔과 신경질과 짜증과 원망과 교만과 자만과 자랑 같은 것으로 얼마나 힘들어하며 살겠습니까? 평강은 오직 예수님 안에 있습니다. 세상은 슬픔이 가득 차 있을 수밖에 없습니다. 그래서 이사야 59장에 그들이 언약 백성이지만 주 앞에 순종하지 않았기 때문에 평강이 없다고 하는 것입니다. 그리고 사도 바울은 본문에서 유대인들에게 "파멸과 고생이 너희 길 앞에 있고 너희가 평강의 길을 알지 못한다"고 말합니다. 평강은 오직 예수 그리스도뿐입니다. 이사야 9장 6절에 "한 아기가 우리에게 났고 한 아들을 우리에게 주신 바 되었는데 그의 어깨에는 정사를 메었고 그의 이름은 기묘자라, 모사라, 전능하신 하나님이라, 영존하시는 아버지라, 평강의 왕이라 할 것임이라"라고 분명하게 나와 있습니다. 또한 예수님은 "내가 너희에게 평안을 주노니 이 평안은 세상이 주는 것과 같지 아니하니라"라고 말씀하셨습니다(요 14:27).

하나님을 경외하지 않는 죄

마지막으로 18절입니다.

"그들의 눈 앞에 하나님을 두려워함이 없느니라."

도덕적 타락상의 근원이 영적 부패에 있다고 마침표를 찍습니다. 그들은 하나님을 두려워하지 않습니다. 시편 14편 4절은 "죄악을 행하는 자는 다 무지하냐 그들이 떡 먹듯이 내 백성을 먹으면서 여호와를 부르지 아니하는도다"라고 말합니다. 그들이 하나님을 두려워하지 않는 모습을 표현한 구절이 성경 곳곳에 있습니다. "악인의 죄가 그의 마음속으로 이르기를 그의 눈에는 하나님을 두려워하는 빛이 없다 하니…그는 그의 침상에서 죄악을 꾀하며 스스로 악한 길에 서고 악을 거절하지 아니하는도다"(시 36:1, 4). 하나님을 두려워하지 않으니까 밤새 죄 지을 궁리를 하는 것입니다. 그것이 자기 만족입니다. 그래서 잠언 1장 7절은 "여호와를 경외하는 것이 지식의 근본이

거늘 미련한 자는 지혜와 훈계를 멸시하느니라"라고 말합니다.

전도서 12장 13절은 "일의 결국을 다 들었으니 하나님을 경외하고 그의 명령들을 지킬지어다 이것이 모든 사람의 본분이니라"라고 말합니다. 우리는 하나님을 섬기는 데 즐거움이 있어야 합니다. 그리고 그 명령에 순종해야 합니다. 그것이 바로 이 땅에서 영생을 맛보며 사는 우리의 행복입니다. 그렇지 않으면 각각 자기 소견에 옳은 대로 행했던 사사 시대 사람들처럼 살아갈 뿐입니다. 소돔과 고모라는 어디에 있습니까? 그것은 다름 아닌 사람들의 마음속에 있습니다. 그래서 어느 시대든 문화든 어느 곳을 가든 어느 나라든 민족이든, 모든 곳에 소돔과 고모라가 있는 것이고, 그에 따라 영원한 진노 아래 놓일 죄가 온 세상을 지배하고 있는 것입니다.

신명기 12절 8절에 "우리가 오늘 여기에서는 각기 소견대로 하였거니와 너희가 거기에서는 그렇게 하지 말지니라"라고 나옵니다. 여기서 "거기"는 약속된 가나안 땅을 가리킵니다. 가나안 땅에 가서는 그렇게 하지 말라는 것입니다. 너희가 과거에는 죄와 허물로 죽은 자와 같아서 이방인 같이 허망한 것을 좇고 살았지만, 지금은 그리스도 안에서 새롭게 되었으니 그렇게 하지 말라는 것입니다. 바로 우리에게 주시는 말씀입니다.

우리는 본문을 통해 인간의 보편적 죄악상을 봤습니다. 우리가 예수 그리스도 밖에 있다면 우리도 그런 사람들입니다. 그러나 우리는 그리스도 안에서 새 사람이 되었습니다. 물론 옛 사람의 흔적 때문에 우리에게도 그런 모습이 종종 나타날 수 있습니다. 너무 무섭고

끔찍하지만 과거에 믿지 않았을 때는 그런 모습이 더 있었습니다. 우리는 "새 사람이 되었은즉 너희는 의와 진리의 거룩함을 좇아 하나님의 형상을 닮는 자들이 되어라. 너희가 그리스도를 그렇게 배우지 않았느냐?"라는 말씀을 받아 주 앞에 깊이 감사해야 합니다. 우리를 바꾸셨다고 말씀하시는 것이기 때문입니다. 명령을 주시는 것은 우리를 바꾸셨다는 사실을 증언하는 것입니다. 그리스도 안에 있는 여러분에게 이 은총이 충만하기를 주의 이름으로 축복합니다.

16. 율법의 행위로 의롭다 하심을 얻지 못함

우리가 알거니와 무릇 율법이 말하는 바는 율법 아래에 있는 자들에게

말하는 것이니, 이는 모든 입을 막고 온 세상으로 하나님의 심판 아래

에 있게 하려 함이라. 그러므로 율법의 행위로 그의 앞에 의롭다 하심

을 얻을 육체가 없나니, 율법으로는 죄를 깨달음이니라. 로마서 3:19-20

본래 모든 사람은 율법의 정죄 아래에 있다

이 세상에 있는 사람들 중 단 한 사람도 하나님 앞에서 예외가 될 사람은 없습니다. 어느 누구도 죄 없다 할 사람이 없다는 것입니다. 하나님 앞에서 모든 사람이 예외 없이 율법의 정죄 아래에 있는 것이 본래 우리의 모습입니다. 하지만 예수 그리스도 안에 있는 자들에게는 이 사실에 변화가 생깁니다. 그리스도 바깥에 있을 때, 모든 인류는 하나님 앞에서 율법의 정죄를 받는 처지였습니다. 유대인들은 다릅니까? 그들은 구약의 모세 율법 아래서 하나님의 백성이라 칭함을 받았으니 조금 다를까요? 바울은 그들도 그리스도 바깥에 있으면 소용이 없다는 사실을 증명합니다. 구약 시대의 참된 교인들은 약속된 그리스도의 말씀을 받고 그리스도 안에 있었습니다. 그리스도의 그림자 안에 이미 그들이 들어간 것입니다.

본문 19절을 보겠습니다.

"우리가 알거니와 무릇 율법이 말하는 바는 율법 아래에 있는 자들에게 말하는 것이니, 이는 모든 입을 막고 온 세상으로 하나님의 심판 아래에 있게 하려 함이라"(19절).

이때 "율법 아래에 있는 자들"은 유대인들을 가리킵니다. 유대인들은 "율법을 직접 받아 우리가 율법을 가졌으매 우리는 하나님의 자녀라"라며 스스로를 자부했습니다. 그런데 바울이 "너희는 율법을 가지고 있는 자요, 결국 율법 아래에 있는 자들인데 과연 그 율법이 너희를 하나님 앞에서 의롭게 하는가?"라고 묻습니다. 바울은 이미 그에 대한 답을 3장 9절에서 내놓았습니다. "그러면 어떠하냐 우리는 나으냐 결코 아니라 유대인이나 헬라인이나 다 죄 아래에 있다고 우리가 이미 선언하였느니라." 따라서 이 본문은 "너희가 죄 아래에 있다는 사실이 이미 천명되어 논증이 되었거늘, 너희는 율법 아래에 있다 하여 다르다고 생각해서는 안 된다."라며 다시 한 번 초점을 유대인에게 돌리며 그들이 빠질 수 있는 신앙적 오류를 경계하고 주 앞에 나올 수 있도록 교훈하는 것이라 볼 수 있습니다.

누구도 변명할 수 없다

19절 하반절에 "이는 모든 입을 막고 온 세상으로 하나님의 심판 아래에 있게 하려 함이라"라고 말합니다. 온 세상이 하나님의 심판 아래에 있다며, 그야말로 법정적인 상황을 묘사하고 있는 것입니다. 하나님이 재판장이신 그 심판대 앞에 모인 상황에서 누구도 더 이상 어떤 말도 할 수 없는 처지에 놓이게 될 것이라는 말입니다. 법정에서 유죄인지 무죄인지 밝혀지는 가운데, 그 죄인은 판사 앞에서 자기 죄를 조금이라도 덜어보려고 자기변명을 할 것입니다. 그래서 변호사를 선임하는 것입니다.

그런데 "입을 막고"라는 말은 변명할 근거나 구실을 찾지 못했다는 뜻입니다. 즉, 하나님의 심판 앞에서 죄인이 자기를 보호하고 방어할 어떤 변명이나 구실을 아무리 애를 쓰고 찾아도 찾을 길이 없는 상황입니다. 어떤 핑계나 변명이 불가능한 것입니다. 이 땅에 사는 동안 죄를 범할 때, 우리는 나름의 핑계와 변명을 할 여지를 갖습니다. 사람들은 상황의 논리를 끌어오든, 자신이 어려서부터 자라온 환경을 탓하든, "내가 그렇게 살아왔으니 어쩔 수 없는 것 아니겠느냐? 누구라도 나와 같은 인생길을 걸어왔다면 지금의 이런 죄를 범할 수밖에 없을 것이다"라고 말하며 나름의 이유와 변명을 늘어 놓습니다. 그러나 하나님 앞에서는 그 변명이 소용없습니다. 세상 법정에서도 그 사람이 자라온 환경이나 처한 처지로 그 죄가 어느 정도 정상 참작될 수는 있겠지만, 죄에 대한 책임 자체는 결국 그 죄를 범한 그에게 돌아갑니다. 그런데 하나님 앞에서는 어떨까요? 마태복음 22장 11-13절은 이렇게 말합니다.

"임금이 손님들을 보러 들어올새 거기서 예복을 입지 않은 한 사람을 보고 이르되 친구여 어찌하여 예복을 입지 않고 여기 들어왔느냐 하니 그가 아무 말도 못하거늘 임금이 사환들에게 말하되 그 손발을 묶어 바깥 어두운 데에 내던지라 거기서 슬피 울며 이를 갈게 되리라 하니라."

마태복음 22장은 굉장히 위급한 상황입니다. 임금이 손님들을 초대하고 잔칫상을 벌였는데 오지 않은 사람들이 있습니다. 그래서 임금은 군대를 보내 그들을 다 진멸하고, 길에 가서 만나는 대로 사람을 청하여 모으라고 명령합니다. 이렇게 다시 초청을 받아서 온 사람들은 나름대로 자기의 형편을 봐줄 거라고 생각했을지 모르지만 왕이 잔치에 온 사람에게 기대하고 바란 것은 예복이었습니다. 왕이 예복이 없는 그 자에게 어찌하여 예복이 없냐고 물었을 때, 그에 대한 반응이 "그가 아무 말도 못하거늘"이라고 나옵니다. 그가 유구무언 하는 것은 침묵으로 절제 있게 행동하는 것이 아닙니다. 여기서 유구무언은, 판결을 내리는 대로 받을 수밖에 없는 딱하고 절박한 처지를 의미하는 것입니다. 결국 그는 결박당해서 어두운 곳에 던져지고, 수욕과 슬픔을 당하는 처지가 됩니다. 하나님 앞에서나 법정에서 죄인은 유구무언일 따름입니다. 변명을 늘어놓을수록 자신이 행한 일과 변명 사이에 모순이 드러날 것이요, 하나님은 그것을 낱낱이 드러내실 것입니다.

욥기 40장에서 하나님은 욥에게 나타나 그가 처한 상황에 대해 마지막 정리를 하며 말씀하십니다. 하나님은 욥이 가졌던 모든 의문과 하나님에 대한 질문들에 대해 응답하지 않으셨는데, 긴 시간이 흐르고 마침내 욥에게 나타나셔서 그 답변을 주십니다. 38장부터 그 답이 나오는데, 그 답은 욥의 질문에 대한 직접적인 답이 아닙니다. 하나님은 자기가 어떤 분인지를 나타내 보이심으로 그 답을 말씀하십니다. 40장에서 여호와께서 이렇게 말씀하십니다. "네가 누구냐? 그리고 나는 누구냐?"라며 그 관계 아래서 따지십니다. 하나님은 욥에게 "트집 잡는 자가 전능자와 다투겠느냐. 하나님을 탓하는 자는 대답할지니라"라고 말씀하셨습니다(2절). 이어서 3-5절을 읽어보겠습니다.

> "욥이 여호와께 대답하여 이르되 보소서 나는 비천하오니 무엇이라 주께 대답하리이까 손으로 내 입을 가릴 뿐이로소이다 내가 한 번 말하였사온즉 다시는 더 대답하지 아니하겠나이다."

이게 살 자의 모습이요, 용서를 구하는 자의 태도입니다. 지금 하나님은 욥을 가리켜 "트집 잡는 자", "전능자와 다투는 자", "하나님을 탓하는 자"라고 하셨습니다. 우리가 범하는 모든 죄는 결국 하나님 앞에 범하는 죄요, 하나님이 우리에게 주신 일반계시인 양심을 거스르는 것이요, 주께서 주신 특별계시인 성경의 교훈을 거스르는 것입니다. 우리가 죄인 줄 알면서 범하는 모든 죄는 결국 하나님 앞에서 범하는 죄입니다. 따라서 자신을 옳다 하거나 죄 없다 하는 것은 그것을 죄라고 말씀하신 하나님이 잘못되었다고 말하는 것과 다름 없습니다. 이것이 욥기에서 밝히고자 하는 교훈입니다.

하나님은 욥에게 이렇게 말씀하십니다. "그러니 하나님을 탓하는 자는 말하라. 나의 판결이 어디가 먼저겠느냐?" 이에 욥은 "저는 비천한 자입니다"라고 대답합니다. 여기에 시편의 표현을 더하면 "저는 짐승과 같은 자이니 제가 무엇이라 주님께 대답하겠습니까? 그저 손으로 제 입을 가릴 뿐입니다. 제가 한 번 말했사오나 다신 더 이상 답을 하지 않겠습니다"라고 할 수 있습니다. 이 말은 "오직 하나님의 판결만이 있을 뿐, 제가 어떤 변명을 늘어놓을 수 있겠니까"라는 말로, 자신이 유구무언의 처지임을 인정하며, 동시에 주 앞에서 긍휼과 자비를 구하며 엎드리는 것입니다.

훗날 하나님 앞에서 변명을 할 수 있다고 생각하는 사람들이 많습니다. 그중에는 영국의 유명한 20세기 철학자 버트런드 러셀이 있습니다. 그는 《나는 왜 기독교인이 아닌가》라는 책을 썼습니다. 그렇게 긴 글은 아닌데, 그는 그 내용 안에서 "하나님을 믿을 만한 증거가 없다"는 불가지론적 의문을 제기합니다. 그의 주장 중 가장 의아한 내용은 "예수 그리스도를 보니, 도무지 그리스도인이 될 수 없다"는 부분입니다. 정말 뜻밖입니다. 우리는 성경을 읽으면 그리스도를 볼 수 있고, 그러면 예수님을 믿는 구원의 길이 열린다고 생각합니다. 그런데 러셀은 오히려 성경을 읽고 그리스도를 보니, 도저히 믿을 수가 없다는 결론을 내린 것입니다. 그 이유는 세상에 어떤 그리스도가 인간을 사랑하고 그들의 구원을 바란다고 말하면서 영원한 심판이요, 영원한 형벌의 지옥을 말할 수 있느냐는 것입니다. 사실 성경에 예수님처럼 지옥과 무서운 심판을 말하는 자가 없습니다. 예수님의 입에서 나온 지옥에 관한 증거를 다 빼버리면 지옥을 부인할 수 있을 정도입니다. 그러나 그렇기 때문에 신학 체계가 지옥을 부인할 수 없습니다. 성경에서 지옥을 논증하고 설득한 모든 말씀의 근거가 예수님의 입으로부터 나온 것이기 때문입니다. 그러나 러셀은, 인간을 사랑하고 인간에게 참된 도덕을 가르친 선생이라면서 어떻게 예수는 사람이 사는 일생 중에 범한 실수나 죄를 들어서 영원한 형벌에 처하는 무서운 심판을 내릴 수 있느냐며 의문을 제기합니다.

얼핏 보면 그럴듯한 것 같지만 이 논증의 힘은 허상 안에 있습니다. 그 허상이 무엇입니까? 자신의 죄와 하나님의 거룩하심을 못 보고 있는 것입니다. 그래서 그런 자는 그 정도의 지성과 도덕적 양심의 삶이면 충분히 하나님의 심판대 앞에서도 자기를 방어할 수 있을 것이라고 나름의 자기 판단을 내립니다. 그러나 그것은 어리석은 일입니다. 사람이 보기에는 러셀이 훌륭하고 흠 없는 인생을 살았고 뛰어난 지성을 가진 것 같으나 욥기에 나와 있는 모든 이야기에서 볼 수 있듯이 세상의 지성의 판단은 하나님의 뜻에 어긋나게 됩니다. 결국 그날에 러셀이 변명할 수 있겠습니까? 저는 그가 한마디도 할 수 없을 거라고 확신합니다.

예수님을 믿는 것은 하나님이 계신 증거나 예수님이 얼마나 훌륭한 분인지를 따지는 도덕적 탁월성 때문에 이루어지는 일이 아닙니다. 딱 한 가지, 자신이 죄인이라는 사실을 깨닫기 때문입니다. 마음 깊은 곳에서 자신이 죄인이라는 사실에 대한 깨달음이 있어서 두려움과 하나님 앞에서의 부끄러움과 수치에 대한 자각이 마음속에 확고히 들어와 엎드러지고 토설하며 몸부림치지 아니하면 "예수님이 꼭 필요하다."는 결론이 어찌 나오겠습니까?

그러므로 기독교인의 삶은 이 엄숙한 영적 각성과 깨달음으로부터 모든 생각과 말과 행동이 나와야 합니다. 이로 인해 삶에 근본적 변화가 일어나는 것입니다. 어둠과 빛이 함께 섞일 수 없고 완전히 갈라지듯, 근본적 성질이 바뀌어 버리는 것입니다. "우리에게는 옛 성품과 흔적이 남아 있다. 그래서 죄 가운데 있는 우리는 여전히 연약하다"라는 사실을 실존적으로 부인하지는 못하지만, 그런 모든 관념 속에서도 궁극적으로 하나님을 향해, 빛을 향해 나아가는 것이 우리의 영혼 깊은 곳으로부터 발생하는 것입니다. 그런 부분이 없다면 그리스도가 왜 그리스도인지를 모르는 것입니다.

하나님 앞에 설 때는 누구도 변명할 수 없습니다. 따라서 본문 19절은 "모든 입을 막고 온 세상으로 하나님의 심판 아래에 있게 하려 함이라"라고 말하는 것입니다. 이는 "유대인도 별수 있겠느냐. 그렇지 않다."는 말입니다.

율법의 행위로 의롭다 하심을 얻지 못한

"그러므로 율법의 행위로 그의 앞에 의롭다 하심을 얻을 육체가 없나니, 율법으로는 죄를 깨달음이니라"(20절).

20절에 "율법의 행위로 그의 앞에 의롭다 하심을 얻을 육체가 없나니"라는 말은 무슨 뜻입니까? 이 말은, 언뜻 보면 쉽게 읽히나 다시 들여다보면 더 깊은 뜻을 발견할 수 있습니다. 이 말은 "행함으로는 의롭다 함을 얻을 수 없다"라고 이해할 수 있습니다. 누가 행함으로 의롭다 함을 얻을 수 있겠느냐는 것입니다. 그런데 "행위로 그의 앞에 의롭다 함을 얻을 육체가 없나니"라고 하면 될 텐데 왜 행위 앞에 율법을 언급해서 "율법의 행위"라고 말한 것입니까? 그것은 "행함으로는 의롭다 함을 얻을 자가 없다"라는 말에 유대인이 "그렇지. 그냥 행해서는 안 되는 거고 율법을 행하면 가능성이 있는 거야"라고 덧붙일 것을 염두에 두었기 때문입니다. 유대인들이 "이방인이 선을 행한다고 해서 의롭다 함을 얻겠는가. 그럴 수 없다. 하지만 우리는 율법이 있고 율법 아래에 있으니 율법을 행함으로 의롭다 함을 얻을 수 있다."라고 말할 것에 대한 경계로 "율법의 행위"라고 말한 것입니다.

그때 우리는 유대인에게 "아니, 행위는 안 된다고 말하면서 어떻게 율법의 행위로는 의롭다 함을 얻을 수 있다는 겁니까?"라고 묻고 싶을 것입니다. 그들의 생각은 이렇습니다. "이 사람아, 당신은 율법이 뭔지 모르는구면. 율법에는 하나님이 그 율법을 순종하는 자에게 상을 주신다고 약속하신 말씀이 있네. 물론 불순종하는 자에게는 벌을 주시지. 신명기에서 순종한 자와 불순종한 자가 어떻게 되는지 하나님이 가르쳐주시지 않았는가. 그게 율법이야. 그 율법을 행하고 순종하는 자에게는 상이 있는 것이고, 불순종하는 자에게는 벌이 있는 것이라네. 그래서 이방인은 행위로 의롭다 함을 받지 못하지만 유대인인 우리는 율법을 행함으로 의롭다 함을 받을 수 있는 것일세." 그래서 사도 바울은 이러한 생각의 흐름을 차단하기 위해 "율법의 행위라도 그것으로 하나님 앞에서 의롭다 함을 받을 육체는 없다"고 한 것입니다.

율법을 순종하면 상을 받는다는 그들의 주장이 사실입니까? 유대인들과 사도 바울 중 누구의 말이 맞는 것입니까? 그것은 "율법의 행위가 도대체 무엇을 뜻하며, 무엇을 행할 때 비로소 율법을 행했다고 말할 수 있는 것인가?"라는 이치를 따져볼 때 판결이 납니다. 율법의 행위로 의롭다 함을 얻을 육체가 없다고 말한 사도 바울의 모든 가르침의 근거, 즉 복음의 가르침, 하나님의 영감으로 그의 입을 통해 우리에게 주는 교훈은, "율법은 겉으로만 지키면 소용이 없는 것이다. 본질상 내면이요, 영적인 것을 늘 생각하라. 이것을 잊었느냐."라고 묻는 데서 답이 나옵니다. 로마서 2장 25-29절을 보겠습니다.

"네가 율법을 행하면 할례가 유익하나 만일 율법을 범하면 네 할례는 무할례가 되느니라 그런즉 무할례자가 율법의 규례를 지키면 그 무할례를 할례와 같이 여길 것이 아니냐 또한 본래 무할례자가 율법을 온전히 지키면 율법 조문과 할례를 가지고 율법을 범하는 너를 정죄하지 아니하겠느냐 무릇 표면적 유대인이 유대인이 아니요 표면적 육신의 할례가 할례가 아니니라 오직 이면적 유대인이 유대인이며 할례는 마음에 할지니 영에 있고 율법 조문에 있지 아니한 것이라 그 칭찬이 사람에게서가 아니요 다만 하나님에게서니라."

25절에서 율법을 행하면 할례가 유익하다고 했습니다. 그런데 이 말을 뒤집어보면, 할례를 행해도 사실 율법을 행하지 못한 것이 될 수 있다는 말이기도 합니다. 율법을 행하는 것은 항상 마음에 초점을 두고 있어야 합니다. 따라서 할례라는 율법의 행위만을 했을 뿐 마음에는 전혀 할례를 행하지 않았다면, 그 할례는 사실상 할례는 행하지 않은 것과 같다는 것입니다. 즉, 할례 예식의 본질은 육체의 껍데기에 그 행위를 하는 데 있는 것이 아니라 그것을 통해 영혼이 하나님 앞에서 산산조각 나는 데 있습니다. 즉, "나는 죄인이요, 하나님이 내 영혼을 깊이 만지시고 나를 돌이켜 나에게 생명을 주지 않으시면 나는 살 수 없나이다"라는 고백과 믿음에 수반하는 영적 변화가 있어야 마음에 할례를 받은 것이라는 말입니다. 이는 하나님이 우리를 오직 하나님만 온전히 섬기는 자로 만들어 가기 위해 하시는 일입니다. 다시 말해서, 하나님만이 나의 삶과 존재의 절대 목적인 줄 알고 그 앞에 엎드리게 하시는 근본적인 변화, 즉 굳은 마음이 어린아이의 마음처럼 부드러워지고, 딱딱한 마음에 균열이 생기는 일이 필요합니다.

그래서 하나님을 사랑하고 경외하는 마음과 하나님의 교훈에 따라 살고자 하는 간절함으로 가득 차고 그것을 떠나서는 살 수 없기에, 자기 죄로 인해 슬퍼하고 애통해하며 자신의 그 영혼 깊이 죄의 뿌리가 얼마나 깊이 박혔는지를 정확하게 볼 줄 알면서 자기의 의지와 도덕 수양으로 뽑아내려고 해도 뽑을 수 없는 죄의 세력을 보는 것입니다. 그리고 "내가 망한 자가 되었구나"라는 사실을 절실하게 깨닫고 주 앞에 엎드려서 하나님의 도우심만 간구하게 될 때, 그것이 마음의 할례를 한 것이요, 율법을 행함으로써 할례를 바르게 한 것이요, 그런 자라야 율법을 행한 자가 되는 것입니다.

율법을 참으로 행한 자가 자신의 의로움을 드러내겠습니까? 아니면 자기의 죄인 됨을 고백하겠습니까? 율법을 참으로 행한 자는 자기의 죄인 됨을 고백하고, 율법을 껍데기로 행한 자는 자기 의를 드러냅니다. 이런 역설적인 상황이 벌어지는 것입니다. 결국 율법의 행위로는 그 앞에 의롭다 함을 받을 육체가 없다고 한 사도 바울의 말은 "너희가 지키는 율법의 행위로는 너희가 의롭다 함을 받지 못한다. 왜냐하면 너희가 율법을 껍데기로 지키기 때문이다"라는 말입니다. 그리고 이 말은 "율법을 진실로 행하면 자기의 죄를 깨닫게 되는데, 그것이 어찌 의로움이 되겠느냐"라는 뜻입니다.

바리새인과 세리 비유

자, 이것을 잘못 이해하고 자신의 생각대로 하나님 앞에서 열심히 신앙생활을 했다가 망한 사람의 예를 보겠습니다. 누가복음 18장 9-14절 말씀입니다.

"또 자기를 의롭다고 믿고 다른 사람을 멸시하는 자들에게 이 비유로 말씀하시되 두 사람이 기도하러 성전에 올라가니 하나는 바리새인이요 하나는 세리라 바리새인은 서서 따로 기도하여 이르되 하나님이여 나는 다른 사람들 곧 토색, 불의, 간음을 하는 자들과 같지 아니하고 이 세리와도 같지 아니함을 감사하나이다 나는 이레에 두 번씩 금식하고 또 소득의 십일조를 드리나이다 하고 세리는 멀리 서서 감히 눈을 들어 하늘을 쳐다보지도 못하고 다만 가슴을 치며 이르되 하나님이여 불쌍히 여기소서 나는 죄인이로소이다 하였느니라 내가 너희에게 이르노니 이에 저 바리새인이 아니고 이 사람이 의롭다 하심을 받고 그의 집으로 내려갔느니라 무릇 자기를 높이는 자는 낮아지고 자기를 낮추는 자는 높아지리라 하시니라."

14절의 주님의 말씀을 깨달았습니까? 바리새인은 자기들이 토색, 불의, 간음을 하는 자들과 같지 않다고 말합니다. 그들의 주장에 따르면, 그들은 이레에 두 번씩 금식하고 소득의 십일조를 드렸으니 율법을 행한 사람들입니다. 그러나 세리는 그렇지 못했으니, 율법을 행하지 못한 자였습니다. 누가 봐도 바리새인은 율법을 행한 자로 의롭다 함을 받아야 할 사람이고, 세리는 율법을 범한 자로 율법의 정죄를 받아야 할 자라 구별되는 것입니다. 이것이 상식입니다. 그런데 주님은 이런 상식을 뒤엎으셨습니다. 그 상식은 근본부터 잘못된 뿌리에서 나온 것이었습니다. 왜냐하면 율법을 행한 자는 자기 의를 주장할 수 없기 때문입니다. 그런데 바리새인은 그렇게 주장했습니다. "내가 세리와 같지 아니함을 감사하나이다"라는 바리새인의 말 속에

"내가 의롭습니다"라는 뜻이 들어 있는 것입니다. 그러나 "토색하지 말라. 불의하지 말라. 간음하지 말라. 금식하라. 소득의 십일조를 드리라"라는 내용의 율법을 참으로 행한 사람이라면 이렇게 말할 것입니다. "내가 간음하는 자와 같지 않으나 하나님 앞에선 간음한 자이고, 내가 불의를 행하지 아니하였으나 어찌 내가 하나님 앞에서 불의를 행하지 않았다고 말할 수 있겠습니까? 실로 토색이나 불의를 행하지 않았더라도 죄 중에 하나는 행했을 것입니다. 또한, 금식을 일주일에 두 번씩 했지만 그것은 기쁨의 금식이 아니라 괴로움의 금식이었고, 남이 볼 때는 힘을 내면서 남이 보지 않을 때는 그렇지 않았으며, 주 앞에서 제 마음을 들여다보니 금식의 참 뜻을 이루지 못한 것입니다."

율법을 행함에 있어서 자신의 종교성과 영혼의 중심을 들여다보면서 행하는 사람은 자신의 죄를 깨닫게 됩니다. 모든 율법의 행위를 순종하지 못하고 죄를 범하므로 "제가 죄인입니다. 저를 불쌍히 여기소서" 하는 자가 역설적으로 율법으로 말미암아 죄를 깨닫는 은혜를 입은 자가 되는 것입니다. 즉, 세리는 율법 앞에서 자신이 율법을 범한 자라는 사실을 깨달았으니 율법으로 죄를 깨닫는 은혜를 받았고, 바리새인은 율법을 행하였다 하나 율법으로 죄를 깨닫는 은혜를 받지 못하고 오히려 그런 자기를 의롭다 하였으니 하나님이 보실 때 누가 의로운 자이겠습니까? 그래서 누가복음 18장 14절에 "저 바리새인이 아니고 이 사람이 의롭다 하심을 받고 그의 집으로 내려갔느니라"라는 말씀이 나오는 것입니다. 자기를 높이는 자는 낮아지고, 자기를 낮추는 자가 높아지는 것은 겸양지덕의 궁극적 승리입니다. 평소에 겸손한 사람은 훗날 인정을 받고, 교만한 사람이 낮아짐을 당하게 될 것이니 조심해야 합니다. 여기서는 단지 이 덕목의 태도를 말하는 것이 아니라 근본적으로 하나님 앞에서의 우리의 태도를 말하는 것입니다. 즉, 하나님 앞에서 자기를 높이는 자는 교만하고 어리석은 자로, 그런 자는 하나님의 법에 의해 심판을 받아 낮아짐을 당할 것입니다. 그러나 주님 앞에서 자신을 죄인이라 하는 자는 주께서 베푸신 은혜를 입어 혼인잔치에 갈 것입니다.

우리의 종교성과 신앙생활, 교회를 섬기는 여러 희생과 봉사와 나눔, 사랑, 순종, 경건의 열심은 모두 소중한 것입니다. 그것이 없으면 하나님 앞에 나아가는 신앙의 내용을 구성할 수 없습니다. 율법은 죄를 깨닫게 하는 것이지만 죄를 깨달은 자에게 율법은 성도의 마땅한 삶의 규칙으로 새롭게 다가옵니다. 예수 안에 있는 사람에게는 더 이상 율법이 필요 없다며 율법을 다 팽개쳐 버린다면 그는 앞으로 어떻게 살아가겠습니까? 죄 중에 임의대로 살아갈 것입니다. 우리의 삶을 절제하고 지탱해주는 삶의 지침이 무너져 버리는 것입니다. 율법은 스스로 의롭다 하는 자에게는 죄를 깨닫게 하는 기능을 가지고 있고, 죄를 깨달은 자에게는 성도로서 마땅히 살아야 될 삶의 지침을 가르쳐줍니다. 우리가 예수 그리스도 안에서 경건하고 서로 사랑하고 희생하고 봉사하는 것은 꼭 필요하며 절대적으로 해야 하는 것입니다. 그런데 그것이 뒤집어져서 그런 행위를 하므로 스스로 "주 앞에서 의롭다"고 생각하면 위기가 오는 것입니다. 복음에서 갑자기 미끄러져 버리는 것입니다.

　그러므로 우리는 기도하면서 자신의 부족함과 죄인 된 모습을 들여다보고 하나님의 은혜로 말미암아 말씀대로 신앙생활을 해 나갈 수 있다는 사실에 감사하며 더욱더 주 앞에 엎드리며 나가야 합니다. 그러면서 경건하게 살아야 합니다. 경건에 힘쓸수록 우리는 하나님의 은혜와 우리의 연약함과 죄인 된 모습을 더 분명하게 깨닫게 됩니다. 그런데 참 이상합니다. 나는 절실하게 나의 죄인 됨을 깨달아가고 있는데, 하나님의 은혜는 더욱 커서 우리에게 거룩한 변화요, 사랑의 성숙이요, 그리스도를 닮아가는 성장이 삶의 열매로 보이기 시작하는 것입니다. 이것이 기독교 신앙, 기독교 윤리의 비밀로, 참된 신앙을 가진 자만 알 수 있는 비밀입니다.

17. 이신칭의

이제는 율법 외에 하나님의 한 의가 나타났으니 율법과 선지자들에게 증거를 받은 것이라. 곧 예수 그리스도를 믿음으로 말미암아 모든 믿는 자에게 미치는 하나님의 의니 차별이 없느니라. 모든 사람이 죄를 범하였으매 하나님의 영광에 이르지 못하더니, 그리스도 예수 안에 있는 속량으로 말미암아 하나님의 은혜로 값 없이 의롭다 하심을 얻은 자 되었느니라. 이 예수를 하나님이 그의 피로써 믿음으로 말미암는 화목제물로 세우셨으니, 이는 하나님께서 길이 참으시는 중에 전에 지은 죄를 간과하심으로 자기의 의로우심을 나타내려 하심이니, 곧 이 때에 자기의 의로우심을 나타내사 자기도 의로우시며 또한 예수 믿는 자를 의롭다 하려 하심이라. 로마서 3:21-26

본문은 기독교 역사 속에서 시대를 가르는 역사나 사건을 일으키게 한 말씀 중 하나입니다. 본문을 어떻게 이해하고 하나님의 사랑과 은혜를 고백하느냐 하는 것이 기독교 사상에서 올바른 신학과 잘못된 신학의 갈림길이 될 정도로 이것은 매우 중요한 구절입니다. 짧지만 본문 속에는 예수 그리스도께서 이 땅에 오신 이유와 그분이 우리에게 베푸신 사랑과 은혜가 담겨 있고, 이는 창세기부터 요한계시록까지 이어지는 성경 전체가 우리에게 주는 교훈의 핵심을 제시해줍니다. 이미 우리는 이 본문에 대해 여러 번 들었기에 이 말씀이 너무나도 익숙하지만, 우리에게 이 말씀을 생명으로 주시기 위해 성부, 성자, 성령 하나님이 하신 일은 굉장한 일입니다. 이제 본문을 조금씩 풀어서 보겠습니다.

율법과 상관없는 하나님의 의

먼저 21절을 보겠습니다. 21절은 "율법 외에 하나님의 한 의가 나타났다"고 말합니다. "율법 외에"라는 말을 헬라어 원문 그대로 번역하면 '율법과 상관없이'라는 뜻입니다. 즉 율법의 어떠한 도움 없이, 율법과 전혀 상관없는 하나님의 한 의가 나타났다는 말입니다. 이것은 율법을 행함으로 얻는 의와는 전혀 상관이 없다는 것입니다.

그런데 그 앞에 20절을 보면 "율법으로는 죄를 깨달음이니라"라고 합니다. 우리는 전적으로 부패한 자이고 율법은 거룩하니, 거룩한 율법은 우리가 죄인인 것을 깨닫게 해줍니다. 즉, 우리가 얼마나 부패한 자인지를 드러내주는 것입니다. 그래서 율법을 행함으로 얻는 의와는 전혀 상관없이 또 다른 하나님의 한 의가 나타났다고 선언합니다. 이것은 결국 우리에게 생명의 길이 주어졌음을 의미하는 것입니다. "어느 누구도 순종과 행함으로는 의를 얻지 못한다. 그런데 하나님의 한 의가 나타났다." 이 말은 무슨 뜻입니까?

첫째, "하나님의 한 의"는 하나님 앞에서 의롭다고 판단받을 수 있는 의를 의미합니다. 율법으로는 하나님 앞에서 의롭다고 판단받을 수 있는 의를 이루지 못합니다. 예를 들어, 어떤 사람이 율법을 지키려고 노력했다고 해봅시다. 반면 어떤 이는 율법을 전혀 지키지 못했습니다. 사람들이 볼 때 그 두 사람은 차이가 날 것입니다. 사람들의 시선으로는 바리새인이 강도나 세리보다는 나은 사람이지 않습니까? 그런데 하나님의 법정 앞에서 어떠냐는 말입니다. 그 의가 하나님이 인정하시는 의인지 물을 때는 바리새인도 강도도 아무것도 아닌 게 됩니다. 왜냐하면 둘 다 전적으로 부패한 인간에 불과하기 때문입니다. 그들의 목구멍을 열어보면 그 안에는 부패한 것밖에 없습니다. 그러므로 본문 속 "하나님의 한 의"는 하나님이 그분의 법정에서 "과연 의롭구나. 의롭다."라고 판단하실 수 있는 의를 뜻합니다.

둘째, "하나님의 한 의"는 하나님이 우리에게 나누어 주시는 것, 부어 주시는 것을 의미합니다.

결국 하나님의 한 의가 나타났다는 말은 이중적입니다. 첫째는 그 의의 성질이 하나님의 법정 앞에서 의롭다고 판단받을 만한 의이고, 둘째는 그 의가 하나님이 우리에게 주시는 의라는 것입니다. 이것은 하나님이 그분의 긍휼에 따라 우리에게 베푸시는 의요, 우리가 하나님의 법정 앞에서 의롭다 함을 받을 수 있는 의입니다. 따라서 우리에게 그것이 생명이 되는 것입니다.

구약 성도들의 의

"이런 생명이 왜 갑자기 드러난 것입니까?"라는 질문에 21절은 "천만에, 그것은 새로운 것이 아닐세. 오히려 그것은 이미 율법과 선지자에게 증거를 받은 거야"라고 말합니다. 그러니까 아브라함도 이것 때문에 구원을 받은 것이며, 모세도 이것 때문에 구원을 받은 것이고, 다윗도 이것 때문에 구원을 받은 것이며, 구약의 모든 성도, 이

사야, 예레미야도 다 이것 때문에 구원을 받은 것입니다. 이미 그들을 통해 증거된 것이요, 그들도 그것을 고백하여 구원을 받은 것입니다. 그것이 무엇이고 언제 증언되었다는 것이죠? 이 질문의 답은 바로 예수님이 주셨습니다. 예수님은 모세의 율법과 시편과 선지자가 쓴 모든 글이 예수님 자신을 증거한다고 말씀했습니다.

구약에는 많은 약속이 나옵니다. "의인은 믿음으로 살리라", "누구든지 하나님 앞에서 회개하고 돌이켜 성전에 나와 정하신 바대로 제사를 드리면 살 것이라"라는 약속과 함께, 나중에 하나님은 예레미야 31장과 에스겔 36장에서 "새로운 마음을 주겠다"는 약속까지 하셨습니다. 구약에서 다윗이 믿은 약속과 계명의 말씀, 할례를 마음에 하라고 하셨던 말씀, 안식일과 절기를 지키라는 말씀과 같은 모든 것은 이스라엘 구원에 대한 예표이면서 실제로 그것으로 말미암아 이루어질 예수 그리스도의 구속 사건을 보여주는 그림자와 같습니다. 그 모든 것이 바로 예수 그리스도의 의, 즉 율법과는 상관없는 하나님의 한 의를 증거해주는 것입니다. 그러니까 율법이 예수 그리스도를 증거했다는 사실은 구약 백성이 율법을 지킴으로 구원받은 것이 아니라는 사실을 의미하는 것입니다. 율법과 선지자가 예수 그리스도를 증거했다면, 율법과 선지자를 따라 살았던 구약 시대의 교인들도 율법을 손에 들고 지킴으로 구원받은 것이 아니라, 율법이 증거하고 있는 그리스도를 바라보며 구원을 얻었다는 것입니다.

따라서 그들은 오실 그리스도를 소망 중에 바라본 것이고, 우리는 이미 오신 그리스도를 바라보는 것입니다. 이는 구약과 신약이라는 하나님의 경륜의 시대적 구분에 따라 차이가 날 뿐 실제로 동일한 신앙의 틀 안에 있음을 말합니다. 그들은 오실 메시아를 바라보고 주께 나아가 회개하며 살았습니다.

성도의 행위와 칭의

우리에게는 하나님의 법정 앞에서 '의인'이라고 칭함을 받을 만한 어떤 근거도 없고, 심지어는 예수 믿고 살아간 중생자인 우리의 선행도 구원받을 만한 근거가 되지 못합니다. 어떤 사람들은 잘못 이해해서, 우리가 불신자였을 때 한 행위는 악하지만 신자 때 한 행위는 성령의 도우심으로 순종한 것이기 때문에 가치가 있고 그것이 우리를 의롭게 만드는 데 약간의 도움을 줄 것이라고 생각합니다. 그러나 개혁파 신앙의 내용과 성경의 교훈은 그것이 아닙니다. 신자로서 성령을 좇아 순종하며 살아가는 우리의 선행이 하나님 앞에서 그분의 자녀임을 인정받는 근거가 될 수 없습니다.

의인은 죄가 없다는 것이고, 죄가 없다는 것은 하나님이 진노하실 이유를 우리에게서 찾지 못하시는 것입니다. 그러나 이것은 우리가 상태적으로 완전해졌다는 뜻이 아니라 하나님이 우리를 의인으로 간주해 주셨다는 것을 말합니다. 왜냐하면 우리는 믿음을 가진 후에도 의의 완전한 상태로 거룩함을 이루지 못하기 때문입니다. 여전히 육체의 소욕이 남아 있고 작용하고 있기 때문입니다. 따라서 우리가 믿음을 따라 행할 때도 여전히 죄를 범하는 일이 있으며, 의에 순종할 때라도 그 순종이 온전하지 못합니다. 우리가 성도와 중생자로 성령의 인도하심에 따라 그 능력에 힘입어 말씀에 순종하는 것은 귀하지만, 그것 자체가 하나님 앞에서 우리를 의인으로 서게 하는 데 도움을 주지는 못합니다. 우리가 하나님 앞에서 의인 되게 하는 유일하며 절대적인 근거는 완전한 의, 바로 예수 그리스도의 의밖에 없습니다. 그 예수 그리스도의 의가 내가 불신자요, 죄인이었을 때 나를 하나님 앞에서 의인으로 삼을 뿐더러, 내가 예수 믿고 신자가 된 다음에도 여전히 죄의 상태 아래에 있는 그 수많은 연약성과 죄악성을 가리고 하나님의 자녀의 신분을 계속 유지할 수 있게 해줍니다. 신자가 처음 믿고 인생을 마칠 때까지 오직 하나님 앞에서 의인 된 신분을 갖고 하나님의 자녀가 되었다는 놀라운 신분의 변화의 기쁨을 누릴 수 있는 것은 전적으로 예수 그리스도의 의 때문입니다.

따라서 본문 21절에서 "율법 외에 하나님의 한 의가 나타났으니"라는 말은 율법을 행함으로 얻는 의와는 상관없이 신자든 불신자든, 중생하지 않은 자든 중생자든, 오직 하나님이 그분의 긍휼을 따라 우리에게 베푸시는 의가 주어졌다는 것입니다. 중생자가 율법과 계명에 순종하며 살아가는 일은 중생하기 이전에는 상상도 못했을 복된 순종이고 그 자체가 하나님의 선물입니다. 그러나 그 순종이 우리를 하나님 앞에서 의롭다 함을 판단 받게 하는 기준이나 조건이나 근거는 결코 아닙니다. 우리가 하나님 앞에서 의롭다 함을 받게 하는 의는 오직 하나님이 값없이 베풀어 주시는 의입니다.

이 내용이 평범해 보일지 몰라도 사실 많은 성도들은 이 부분이 명료하지 않아서 항상 자신이 하나님 앞에서 의로운 자인지, 의롭다 하심을 받을 만한 자녀인지 고민하며 어려워합니다. 하나님 앞에 섰을 때 그분이 자신을 의인이라고 인정하시지 않을까봐 두려운 것입니다. 어떨 때는 두렵다가도 어떨 때는 예수님이 다 용서해 주셨다는 사실에 막 기쁘고 마음이 왔다 갔다 합니다. 이는 모두 하나님 앞에서 의인이라 인정받는 근거에 내 것이 조금이라도 들어간다고 생각하기 때문입니다. 인간은 이런 생각을 떨치기가 너무나 어렵습니다. 왜냐하면 이 세상에서 우리가 무엇을 얻으려면 무언가 줘야 하지 않습니까? 그래서 하나님 앞에서 예수님의 의는 아니어도 신자로서 뭐라도 내놓을 것이 있어야 한다고 생각하는 것입니다. 그래서 "하나님, 제가 하나님의 자녀가 맞죠? 제가 이거 하나 했습니다. 하나님을 사랑해서 순종했으니 기억해 주세요."라고 하는 것입니다. 칭찬과 보상을 기대하듯이, 하나님의 칭찬과 보상을 기대하며 그것을 공로로 삼고자 하는 것입니다.

여러분, 그런 것은 필요 없습니다. 하나님이 그런 것을 받지 않으실 뿐더러, 그것을 내놓으려 하는 순간 여러분은 더 큰 것을 잃어버리게 됩니다. 오직 예수 그리스도의 의가 여러분이 하나님 앞에서 의인이라는 사실을 말해주는 근거가 됩니다. 그때 "그러면 이제 아무렇게나 막 살아도 되겠네요?"라고 생각하는 사람이 있습니다. 하지만 그것은 다른 질문입니다. 그것은 로마서 6장에서 자세하게 다룰 것입니다. 사도 바울이 하나님께 받은 은혜의 계시로 성경을 기록하면서 우리에게 분명히 선언한 것은 "어떠한 순종도 너희가 하나님의 의로운 자녀가 되는 근거가 아니다"라는 것입니다. 뒤집어 말하면, 여러분이 불순종했다는 사실로 인하여 여러분이 하나님의 의로운 자녀가 아닌 것이 아니라는 말입니다. 순종은 우리를 하나님의 자녀로 만들어주고, 불순종은 우리를 하나님의 자녀가 되지 못하게 하는 것이 아닙니다. 하나님의 자녀가 되는 것은 오직 예수 그리스도의 의로 말미암습니다. 비록 불순종의 죄를 범하였다 할지라도 예수 그리스도를 믿고 그분의 의를 의지하면 하나님의 자녀가 됩니다. 따라서 하나님은 우리를 하나님의 자녀로 삼으실 때 우리가 행한 순종과 불순종을 근거로 하지 않으십니다. 순종과 불순종은 우리를 하나님의 자녀가 되게 하거나 그렇게 되지 않게 결정짓는 근거가 아닙니다. 그 근거가 되는 것은 오직 예수 그리스도의 의뿐입니다.

차별 없이 주어지는 의

22절에 나온 대로 "하나님의 의"는 모든 믿는 자에게 미치며, 차별이 없습니다. 이 말씀에서 가장 중요한 것은 "난 착한 일을 좀 했다. 나는 계명을 좀 지켰다. 나는 계명을 평생 못 지켰다." 같은 것으로 하나님의 의가 미치는 데 차별이 있지 않다는 것입니다. 십자가에 매달린 강도가 예수 그리스도의 의를 자신의 것으로 삼는 순간 완전한 하나님의 의인으로 서게 된 것처럼, 하나님의 의는 차별이 없습니다.

누구든지 예수 그리스도를 믿기만 하면 믿는 그 자에게 하나님의 의가 주어집니다. 하나님은 마지막까지 포기하지 않으십니다. 누구든지 마지막 숨이 붙어 있는 순간에라도 그 영혼이 그리스도를 바라보면, 그리스도를 믿음으로 말미암아 하나님의 의를 받는다는 말입니다. 평생 더럽고 추악하게 살았더라도 차별받지 않습니다. 그렇다고 해서 평생 신앙생활을 한 것이 좀 억울하게 느껴지십니까? 그럴 줄 알았다면 평생 내 성질대로 살고 마지막 순간에 믿을 걸 하는 생각이 드십니까? 그렇다면 여러분은 아직 은혜를 모르는 사람입니다. 신자로 살아가는 삶의 행복이 얼마나 큰지 모르기에 그러한 생각을 하는 것입니다. 게다가 죄 중에 사는 삶을 달콤하게 여기는 것은 하나님을 사랑하지 않는다는 증거입니다.

우리는 하나님이 예수 그리스도 때문에 나누어주시는 의를 받습니다. 우리가 하나님 앞에서 의인으로 담대하게 설 수 있는 유일한 근거는 우리 자신이 아니라 하나님께 있습니다. 하나님이 우리를 불쌍히 여기시는 그분의 긍휼만이 우리가 하나님을 아버지라 부를 수 있는 유일한 원천입니다. 그것은 예수 그리스도로 인해 누리는 하나님의 긍휼입니다.

23절의 "모든 사람이 죄를 범하였으매 하나님의 영광에 이르지 못하더니"는 22절의 "차별이 없느니라"와 연결됩니다. 왜 차별이 없습니까? 좀 더 낫게 산 사람과 아닌 사람이 왜 차별이 없습니까?

세상 사람들은 그 사실을 불쾌하게 여깁니다. 그러면서 이렇게 생각합니다. "평생 악하게 산 사람과 좀 제대로 산 사람이 아무런 차별이 없다고 하는데 그런 하나님을 어떻게 믿느냐? 그게 공정하느냐? 그래서 난 예수 믿는 것이 싫다. 내가 볼 때는 안 믿는 사람보다 자기들이 더 흉하게 살면서 예수 믿으면 다 구원받는다고 말하니 나는 그 꼴이 보기 싫다. 그래서 나는 예수 안 믿는다." 세상 사람들이 볼 때, 신자라고 하는 사람들이 '주여 주여' 하면서 실제 삶에는 사랑도 없고 오히려 죄의 정욕대로 살며 더 나아가 믿지 않는 사람보다 더 꼴불견인 생활을 하는 것 같습니다. 그래서 그들의 그런 삶을 볼 때, 그들이 기독교의 은혜의 구원을 말하는 일이 정말 역겹게 여겨질 수 있습니다. 여러모로 이해가 되는 부분이지만, 사실 그 사람 때문에 예수를 안 믿는다는 것은 오히려 자기를 죽이는 일입니다. 그 사람은 그 사람인 거고 자기는 자기라는 것을 잊지 말아야 합니다. 나중에 하나님 앞에서 "내가 예수를 안 믿은 것은 저 사람 때문이었어요. 당신을 믿는다고 말한 저 사람 때문입니다."라는 변명이 통하겠습니까?

사람이 볼 때는 다르게 보일지 몰라도 하나님이 보실 때는 모든 사람이 죄인입니다. "모든 사람이 죄를 범하였으매 하나님 영광에 이르지 못하더니"(23절). 구원은 전적인 용서에 있지, 우리 안에 있는 것이 아니라는 것을 명심해야 합니다.

갈라디아서 3장 10절은 무릇 율법을 행하므로 의롭게 된다고 말하는 사람들, 즉 율법 행위에 속한 사람들은 단연코 저주 아래에 있다고 말합니다. "기록된 바 누구든지 율법 책에 기록된 대로 모든 일을 항상 행하지 아니하는 자는 저주 아래에 있는 자라." 하나님의 모든 계명을 항상 행하지 않으면 그 사람은 이미 저주 아래에 있는 자입니다. 따라서 이 세상 사람들은 다 저주 아래에 있기 때문에 예수님을 믿는 것만이 소망이 됩니다. 그러나 예수님을 믿는다고 말해도 그 믿음의 성질과 이해와 성숙도는 가지가지입니다. 그중에는 아직 믿음이 뚜렷하게 형성되지 않은 사람도 있고, 참으로 믿으나 아직 연약한 사람도 있고, 성격이 별나서 믿긴 믿는데 참 특이한 사람도 있습니다. 이처럼 다양한 사람이 교회 안에서 신자로 구성되어 있습니다. 그래서 신자들끼리도 "너도나도 다 죄인이구나. 그러니 그리스도뿐이지"라는 생각으로 서로를 대하며 살아야 합니다. 믿지 않는 사람이 신자를 판단하듯이, 신자들도 서로를 그렇게 대한다면 신자 됨의 정체성의 이유가 그리스도 때문이라는 사실을 스스로 부인하는 것입니다.

예를 들어 "저러고도 신자야? 아니 우리 교회 신자 중에 저런 사람도 있나? 저 사람은 교인도 아닐 거야."라는 비방과 비판은 우리 스스로 마음속에 갖지 않아야 하는 것입니다. 우리는 피차 죄를 범하였으나 은혜로 구원받은 사람일 뿐입니다. "너는 은혜로 구원받았는데 어떻게 그렇게 파렴치할 수 있니?"라는 말은 은혜로 구원받은 사람끼리 할 수 있는 판단이 아닙니다. 그런 판단은 주인만 할 수 있는 것입니다. 은혜를 베푼 자가 판단하는 것이라는 말입니다. 예를 들어, 저와 어떤 사람이 둘 다 누군가에게 100원을 받았다고 가정해 봅시다. 그런데 저는 100원을 받고 너무 감사해서 그분께 50원을 돌려드리며 충성했는데, 어떤 사람은 100원을 받고 1원도 돌려드리는 것 같지 않은 것입니다. 그러자 화가 납니다. 50원을 돌려드린 게 아깝거나 인정을 받고 싶은 것입니다. 이것이 성도가 성도를 판단하는 죄입니다. 교회는 이러한 죄를 교회 안에서 방자히 행하지 않도록 교회 질서에 따라 권징하고 치리하는 일이 있어야 합니다. 그러나 그 일과 상관없이 우리 마음속에는 항상 그런 생각이 꿈틀거리고 한 번씩 기어 나오기도 합니다. 그만큼 복음은 우리 마음의 기본 생각과 어긋나 있습니다. 지금 사도 바울은 유대인을 대상으로 그들이 왜 율법과 선지서를 손에 들고 있는데도 그리스도에게서 먼 자가 되었는지를 드러내, 구약의 약속의 참된 의미가 무엇인지를 바르게 풀어주면서 우리에게 "오직 그리스도의 의만 바라보라"고 말합니다.

은혜로, 값 없이

24절은 "그리스도 예수 안에 있는 속량으로 말미암아 하나님의 은혜로 값 없이 의롭다 하심을 얻은 자 되었느니라"라고 말씀합니다. 예수 그리스도께서는 자신을 보내신 하나님의 뜻과 율법의 의를 성취하는 순종을 하셨습니다. 이러한 순종의 측면을 고려하여 이를 능동적 순종이라고 합니다. 또한 인성을 취하여 성육신하시어 마침내 십자가에서 죽기까지 고난을 당하셨습니다. 이러한 순종의 측면을 고려하여 이를 수동적 순종이라고 합니다. 우리를 위하여 모든 의를 이루시고 고난을 친히 당하심으로 하나님이 죄인에게 물으시는 모든 죗값을 다 갚아버리신 것입니다. 그것을 가리켜서 '속량'이라고 말합니다. 예수님은 이를 통해 우리를 사탄의 권세로부터 완전히 끊어내셨습니다. 따라서 우리에게는 하나님 앞에서 심판받을 어떤 책임도 남아 있지 않습니다.

죄의 책임이 없으면 형벌을 내릴 수 없습니다. 미국에는 배심원 제도가 있어서, 배심원들이 죄수를 향해 죄가 없다고 판단하면 판사가 절대로 형벌을 내릴 수 없습니다. 반대로 배심원들이 죄가 있다고 판단하면 판사는 형량을 결정합니다. 이처럼 하나님이 형량을 결정할 근거가 예수님으로 인해 없어졌습니다. 죄의 책임이 없어져 버렸습니다. 예수님이 전적으로 그 값을 치르셨기 때문입니다. 따라서 우리는 예수님이 우리의 죗값을 치르셨기 때문에 "은혜로" 구원받는 것이요, "값 없이" 구원받는 것입니다. 여기서 "값 없이"라는 말은 동어 반복으로 강조하기 위해서 같은 말을 두 번 반복한 것입니다. 성경은 항상 "은혜로", "값 없이"를 반복해서 강조합니다. 이는 너희에게 요구하신 것이 아무것도 없다는 말입니다. 하나님은 우리를 그분의 자녀이자 의인으로 삼으실 때 우리에게 아무것도 먼저 요구하지 않으십니다. "그래도 하나님이 나를 선택하신 것은 내가 조금 특별하니까 그런 것이 아닐까?" 이런 생각을 하는 사람들이 있습니까? 제발 그런 착각 속에서 깨어나시기 바랍니다. 가장 가까운 사람한테 물어보세요. 우리는 스스로 자부하는 만큼 그렇게 괜찮은 사람이 아닙니다.

화목제물이 되신 예수 그리스도

25절에 나오는 "화목제물로 세우셨으니"에서 세우셨다는 말은 하나님이 미리 정하시고 이제 나타내셨다는 뜻입니다. 화목제물로 세우셨다는 말은 헬라어 원문으로 보면 속죄소가 됩니다. 레위기 16장 14-15절에는 이런 구절이 나옵니다.

> "그는 또 수송아지의 피를 가져다가 손가락으로 속죄소 동쪽에 뿌리고 또 손가락으로 그 피를 속죄소 앞에 일곱 번 뿌릴 것이며 또 백성을 위한 속 죄제 염소를 잡아 그 피를 가지고 휘장 안에 들어가서 그 수송아지 피로 행함 같이 그 피로 행하여 속죄소 위와 속죄소 앞에 뿌릴지니."

대제사장이 속죄소 위와 앞에 수송아지의 피를 뿌립니다. 속죄소는 언약궤 위에 덮인 뚜껑을 의미합니다. 그리고 그 속죄소 위에는 그룹들, 천사가 있습니다. 속죄소는 '덮는다'는 뜻을 지니고 있습니다. 그리고 그 언약궤 안에는 모세의 십계명 돌판이 들어 있습니다. 모세의 십계명 돌판은 하나님의 백성인 우리가 얼마나 죄인인지를 말해줍니다. 그것은 우리를 정죄하지만 은혜의 뚜껑, 즉 속죄소의 덮개는 그 모든 것을 덮어 버리고 율법의 저주를 가리되 수송아지의 피 뿌림으로 인한 효력을 증거합니다. 수송아지의 피 뿌림은 바로 예수 그리스도의 피를 가리키고, 그 피 뿌림 때문에 하나님과 우리 사이에 화목이 있게 된 것입니다.

그러므로 "화목제물로 세우셨으니"라는 말은 '속죄소를 세우셨으니'라는 뜻이며, 수송아지의 피 뿌림과 같이 예수 그리스도의 피가 뿌려져 그 피가 속죄소의 효과를 나타내어 우리를 하나님과 화목하게 한다고 해석할 수 있습니다. 즉, "예수를…화목제물로 세우셨으니"라는 말은 속죄소의 약속된 효과가 실제로 드러나 예수님이 하나님과 우리 사이에 화목을 주는 피 뿌림이 되셨다는 뜻입니다. 실제로 예수 그리스도께서 그것을 이루셨으니 구약에서 증거한 일이 실현된 것입니다.

25절을 이어서 보면, 전에 지은 죄를 간과하신다고 합니다. "전에 지은 죄를 간과하심으로 자기의 의로우심을 나타내려 하심이니." 이 "간과하심"은 형벌하지 않으심을 뜻하는 말입니다. 그러면 "전에 지은 죄"란 무엇인가요? 여기에도 이중적 의미가 있습니다. 첫 번째는 구약 시대 때 범한 죄들은 아직 예수 그리스도께서 오시기 전이니 약속으로 있을 뿐 실제로는 아직 용서되지 않은 것인데, 그리스도 때문에 미리 효과를 본다는 것입니다. 구약의 모형, 안식일이나 할례나 율법 그 자체는 죄 씻음을 줄 수 없으나 그리스도께서 오시면 죄를 씻어주실 것을 미리 보여주는 것입니다. 즉 구약 시대, 곧 그리스도께서 오시기 전에 지은 죄에 대하여 하나님은 그리스도 때문에 그 죗값을 묻지 않으십니다. 두 번째는 개인과 관련한 의미로, 주님은 전에 우리가 개인적으로 지은 죄를 책망하지 않으신다는 뜻입니다. 그러면 과거의 죄만 간과하시고 앞으로 지을 죄는 간과하지 않으신다는 말입니까? 그런 뜻이 아닙니다. 과거나 지금이나 앞으로 지을 죄

모두 오직 하나님의 은혜로만 용서를 받습니다. 그래서 이미 지은 죄를 더 이상 책망하지 않으신다는 말은 앞으로 지을 죄도 똑같이 적용받게 된다는 것입니다.

하나님 자신의 의로우심을 나타내심

마지막으로 26절의 "이 때에 자기의 의로우심을 나타내사"라는 말은 25절의 "자기의 의로우심을 나타내려 하심이니"라는 말과 연결됩니다. 하나님은 오래 참으사 예수 그리스도를 화목제물로 삼으셔서 죄인 된 우리를 의롭다 하는 일을 하시고, 이 일을 통해 우리만 의롭다 함을 받는 것이 아니라 하나님 자신의 의로우심도 나타내 보이십니다. 여기서 우리는 "하나님이 무엇으로 자신의 의로우심을 나타내 보이시는가?"라고 생각할 수 있습니다.

우선 하나님이 예수 그리스도의 피로 우리의 죗값을 치르시고 그를 화목제물로 삼으신 것은 의인은 하나도 없고 오직 하나님만 의로우시다는 사실을 천명하는 것입니다. "모든 사람이 죄를 범하였으매 하나님의 영광에 이르지 못한다. 따라서 하나님의 율법 앞에 의인은 아무도 없다. 절대 의는 오직 하나님의 의뿐이다." 하나님만 의로우시기 때문에 모든 사람은 멸망과 저주 아래에 있는데, 하나님은 예수 그리스도의 속량으로 말미암아 죄인 된 우리를 의롭게 해주셨습니다. 그러므로 첫 번째는 모든 죄인과 대조하여 하나님만 의로우시다는 사실이 드러나는 것입니다.

두 번째는 하나님이 예수 그리스도의 속량으로 말미암아 우리를 의롭다 하신 것은 하나님이 죄인 된 우리를 의인으로 간주하실 때, "하나님은 불의하시다"라고 비판할 사탄의 손모가지를 부러뜨리며 사탄의 모든 정죄를 막아 버리는 것입니다. 하나님은 우리의 죗값을 예수 그리스도에게서 찾으셨기 때문에 그런 공의로움을 보이실 수 있습니다. 그래서 하나님의 의로우심이 드러나게 됩니다. 하나님은 홀로 의로우신 분이고 모든 사람은 정죄 아래 있다는 걸 드러내시면 서도, 죄 아래에 있는 자들 가운데 택한 백성을 의인이라고 간주하시 는 것이 불의하지 않다고 자신의 의로움을 드러내시니 그것은 예수 그리스도의 죽으심, 속량 때문입니다.

하나님의 의로우심이 그리스도의 십자가를 통해 드러나면서 거룩하고 절대적으로 의로우신 하나님이 우리를 의롭다 하시는 놀라운 은혜의 공의로움을 드러내시고 우리에게 직접 자신의 의를 나누어 주십니다. 그것이 바로 그리스도의 의, 하나님의 의로우심입니다. 그 결과 우리가 의롭다 함을 받습니다. 결국 우리가 의롭다 함을 받는 것은 전적인 하나님의 일이요, 하나님이 우리에게 주시는 것입니다. 우리가 받을 수 있도록 우리에게 믿음을 주시는 것입니다. 그러므로 예수님을 믿는 믿음은 보통의 것이 아닙니다. 신자는 그 사랑을 입고 평생 예수님의 이름을 부르며 하나님을 아버지라 부르고 살아가는 큰 은혜를 누리고 사는 것입니다. 이것이 여러분의 삶의 가치요 위로요 자랑이 될 수 있기를 주의 이름으로 축복합니다.

18. 율법을 굳게 세움

그런즉 자랑할 데가 어디냐 있을 수가 없느니라. 무슨 법으로냐 행위로
냐 아니라 오직 믿음의 법으로니라. 그러므로 사람이 의롭다 하심을 얻
는 것은 율법의 행위에 있지 않고 믿음으로 되는 줄 우리가 인정하노
라. 하나님은 다만 유대인의 하나님이시냐 또한 이방인의 하나님은 아
니시냐 진실로 이방인의 하나님도 되시느니라. 할례자도 믿음으로 말
미암아 또한 무할례자도 믿음으로 말미암아 의롭다 하실 하나님은 한
분이시니라. 그런즉 우리가 믿음으로 말미암아 율법을 파기하느냐. 그
럴 수 없느니라. 도리어 율법을 굳게 세우느니라. 로마서 3:27-31

이신칭의의 복음은 율법을 폐하는가

사도 바울은 로마서를 쓰는 가운데 "우리가 믿음으로 의롭다 함을 받는다는 이신칭의의 복음은 율법을 폐하는가?"라는 질문에 대해 답을 내놓고 있습니다. 믿음에 따라 의롭게 되는 이 원리를 쭉 풀어가는 가운데 "그러면 율법을 행해도 아무런 도움을 받지 못한다는 것이요? 할례자가 무할례자에 비해 특별하지 않다는 것인데 그렇다면 당신은 율법을 폐하는 것이요?"라는 반론을 염두에 두고 있다고 볼 수 있습니다.

본문은 "자랑할 데가 어디냐 있을 수가 없느니라"라고 했습니다. 그 다음에 "하나님이 유대인의 하나님뿐 아니라 이방인의 하나님이기도 하므로 구원하심에는 차별이 없다"고 말했습니다. 자랑할 데가 없고 하나님이 이방인의 하나님도 되신다는 말씀 속에서 "결국 구원의 진리는 이방인이나 유대인에게나 차별 없이 믿음을 통해 주어진다고 하는데, 율법이 도대체 무슨 소용이 있다는 말인가? 율법을 폐지해야 하는 것이냐?"라는 반론이 나올 수가 있습니다. 그 문제에 대해 본문에는 분명한 선언이 나옵니다.

31절은 "우리가 믿음으로 말미암아 율법을 파기하느냐 그럴 수 없느니라 도리어 율법을 굳게 세우느니라"라고 선언합니다. 본문을 통해 우리는 의롭다 함을 받고 구원을 받는 상황에서 율법이 각각 어떤 용도와 기능을 가지며, 우리가 그것에 대해 어떻게 이해하고 신앙 생활을 해야 하는지 알게 됩니다.

율법으로는 죄를 깨달음이니라

"그러므로 사람이 의롭다 하심을 얻는 것은 율법의 행위에 있지 않고 믿음으로 되는 줄 우리가 인정하노라"(28절).

28절에 나온 "의롭다 하심"은 무엇입니까? 그것은 죄가 없다는 선언을 받는 것입니다. 즉, 율법에 비추어 볼 때 정죄받아야 할 어떤 이유도 없다고 인정받는 것이 의롭다 함을 받는 것입니다. 그리고 나아가 하나님과의 관계가 회복되어 하나님의 자녀가 된 것, 영생을 기업으로 받는 것을 뜻합니다.

"의롭다 하심"이라는 말 속에 담겨 있는 포괄적인 구원의 은택을 잘 이해해야 합니다. 하나님이 믿음으로 의롭게 하신다는 말은 그 사람이 의로운 상태로 변화되었다는 뜻이 아닙니다. 의롭다 함을 받는 것은 하나님이 율법에 비추어 우리의 죄를 따져봐도 찾을 것이 없다고 말씀하시는 것입니다. 죄 용서를 하시고, 하나님의 자녀로 인정하시며, 영생의 기업을 주시는 것입니다. 이 놀라운 은혜의 비밀에 대해 28절은 이것이 율법의 행위에 있지 않고 믿음으로 된다고 말합니다. 이 말씀은 20절에 이미 나온 내용입니다.

20절과 28절은 계속해서 '의롭다 함'은 율법의 행위에 있지 않고 믿음으로 된다고 말합니다. 여기서 '율법의 행위'는 도대체 무엇입니까? 내가 하나님의 뜻을 따라 율법을 행하는 것이야말로 하나님 앞에서 의롭다 함을 받을 만한 구체적인 근거가 된다고 생각하고 그것을 행하는 노력 일체를 가리켜서 '율법의 행위'라고 말합니다. 하지만 27절은 그렇게 율법을 지키는 행위로는 의로운 자로 인정받을 수 없다고 선언합니다. 율법의 행위로 의롭다 함을 받고자 하는 사람은 율법을 지키는 순종을 통해 자신이 의로운 자임을 드러낼 수 있다고 생각하는데, 과연 율법을 지키는 행위를 통해 자신이 의로운 자임을 드러낼 수 있느냐는 것입니다. 순종하려고 애쓸 수는 있지만, 그러한 노력이 자신이 의로운 자임을 드러낼 만한 객관적이며 구체적인 필연적 증거라고 생각하는 것은 큰 착각입니다.

앞서 20절에는 "율법으로는 죄를 깨달음이니라"라고 말하며 율법의 용도에 대한 설명이 나옵니다. 율법은 우리가 어떠한 죄인인지를 드러내는 데 도움이 되는 것이지, 내가 의로운 자임을 증거하는 데 도움이 되는 것은 아니라고 말하는 것입니다. 이것은 굉장히 충격적인 사실입니다. 왜냐하면 본래 우리는 착한 일을 하면 그만큼 의로운 자라고 확신해 왔기 때문입니다.

그런데 하나님의 율법은 우리의 그런 생각을 산산조각 내버립니다. 그 이유가 무엇일까요? 율법을 지키는 것이 양심을 거슬러 악한 일을 한 것보다는 낫다는 윤리적인 판단은 합리적인데, 어찌하여 율법은 우리가 의롭다 함을 받을 만한 자라고 증거하지 못하는 것일까요? 율법은 "나는 왜 내가 생각한 대로 계명을 다 지키지 못할까?"라는 의문에 부딪히게 만듭니다. 더 나아가서는 모든 계명을 지키지 못하는 자신의 무능함과 무력감을 인식하게 할 뿐 아니라 "아니, 내가 근본적으로 지킨 것이 하나도 없구나"라는 생각까지 하게 만듭니다. 처음에는 어느 것은 지키고 어느 것은 못 지킨 것 같은 생각에 머무르면서 더 잘해보려고 노력합니다. 그러나 어느 시점이 되면 지킨 것도 못 지키게 되는 일이 반복됩니다. 말하자면 율법 앞에서 자신의 무능함을 보게 되는 것입니다. 이것이 처음에 다가오는 회개의 아픔입니다. 그런데 조금 더 깊이 말씀을 깨닫고 나면 내가 지켰다고 한 것도 제대로 지킨 것이 아니라는 사실을 알게 됩니다. 하나님의 계명을 지키지 못하는 자신의 모습을 발견하면서, 그 까닭이 하나님의 계명이 너무 무겁거나 세밀하기 때문이 아니라 자기의 근본적인 부패성 때문임을 깨닫게 됩니다. 율법이 그렇게 우리를 비추어주는 것입니다.

여기까지 오는 것이 결코 쉽지는 않습니다. 처음에는 "하나님의 율법은 너무 무거워. 그렇게까지 따지면 누가 그것을 지킬 수 있어?"

라는 식으로 하나님의 계명에 대해 불평하고, 자기가 불순종한 것에 대한 원인과 책임을 하나님께 돌립니다. 그러다가 그 모든 것을 자신의 문제로 여기고 하나님 앞에서 자신의 무능함과 부패성을 깨닫고 엎드리며 그분의 긍휼을 바라는 데까지 오게 되는데, 바로 이 일을 위하여 하나님이 우리에게 율법을 주신 것입니다. 이것이 20절에 나와 있습니다. "율법으로는 죄를 깨달음이니라."

율법의 행위로는 누구도 구원을 이야기할 수 없습니다. 우리가 "어떻게 하면 의롭다 함을 받을 수 있는 것인가?"라고 주 앞에 울부짖을 때, 하나님은 우리에게 은혜의 빛을 비추시는데, 그것이 바로 예수 그리스도의 복음입니다. 21-22절에 나와 있듯이 답은 예수 그리스도를 믿는 것뿐입니다. 그리스도를 믿으면 그리스도의 의가 우리에게 주어집니다. 우리가 행하는 우리의 의가 아니라 그리스도께서 행하신 그 의가 우리를 의롭게 합니다. 그리스도께서 행하신 의가 내 것으로 주어지면서 비로소 우리는 의롭다 함을 받는 것입니다. 율법 앞에서 우리는 여전히 죄인의 성질과 성품을 가지고 있지만, 그리스도께서 우리를 자신의 의로 덮어주셔서 의롭다 함을 받습니다. 이것은 전적으로 우리 외부에 있는 의입니다.

그래서 의롭다 함을 받는 것은 "우리가 얼마만큼 변했느냐"와는 상관이 없습니다. "얼마나 훌륭해졌느냐"로 구원받는 것도 아닙니다. 자신이 얼마나 죄인인지를 깨달을 때 도리어 의로운 자가 되는 것입니다. 하나님 앞에서 자신이 얼마나 비참한 죄인인지를 알고 무력감에 빠지고 자신의 부패성을 자각할수록 우리는 그리스도의 의를 붙들게 됩니다. 예수님만 꽉 붙드는 것입니다. 그렇게 붙들면 예수님의 의가 우리를 덮어 줍니다. 하나님이 "너는 결코 율법의 정죄 아래 있지 않다"라고 하시면서 우리를 완전히 해방시켜 주십니다. 그것이 예수 그리스도를 믿음으로 의롭다 함을 받는 것입니다. 상상도 할 수 없는 어마어마한 은혜입니다.

하나님이 우리를 의롭다 하시는 은혜는 예수 그리스도로 말미암아 거저 주시는 것입니다. 죄를 깨달아 하나님의 긍휼 외에는 살 수 없다는 절실한 인식과 예수님을 믿으면 의롭다 함을 받는다는 하나님의 약속의 말씀을 확고히 믿고 주님만 붙들면 의롭다 함을 받는 것입니다. 이때는 어떠한 자존심, 최소한의 윤리 의식도 내려놓아야 합니다. 그런 의식 자체가 예수 그리스도 은혜의 복음에 모순되는 것이요, 거추장스러운 장애물이요, 실제로는 악한 것이기 때문입니다. 그런 것은 하나님 앞에서 자신을 의롭다 여길 만한, 어떤 여지를 확보하겠다는 의지밖에 안 되는 것입니다. 예수 그리스도만으로 구원받는다는 사실을 아직도 깨닫지 못하는 자는 "최소한 이 정도는 해야 의롭다 함을 받는 것이 아닌가? 내가 이 정도 했으니 의롭다 함을 받지 않을까?"라며 자기 안의 어떤 것을 근거로 내놓습니다. 그러나 그 의식은 복음과 반대되는 것입니다.

의식법, 시민법, 도덕법

본문 27절을 보겠습니다.

"그런즉 자랑할 데가 어디냐 있을 수 없느니라 무슨 법으로냐 행위로냐 아니라 오직 믿음의 법으로니라."

오직 믿음으로 의롭다 하는 복음 앞에서 율법은 도대체 무엇일까요? "율법으로 의롭다 함을 받을 수가 있는가?"라는 질문을 던져놓고 율법의 효용성에 대해 생각해봅시다. 율법은 보통 세 가지 용도로 쓰였습니다. 우선 하나는 '의식법'입니다. 의식법은 이스라엘이 하나님 앞에서 구원의 은혜를 받아 누리기 위해 행해야 할 종교적 의식에 관한 법입니다. 그리고 '시민법'과 '도덕법'입니다. 당시 이스라엘은 하나의 국가 형태로 교회를 이루고 있었기 때문에 율법에는 그들이 지켜야 할 시민법의 내용이 포함되어 있었습니다. 그리고 인류가 마땅히 지켜야 할, 특히 언약 백성이라면 더 명료하게 지켜야 할 도덕법의 내용도 포함되어 있었습니다. 시민법적인 요소는 교회이면서 국가라는 독특한 구약 시대의 경륜 안에서 주어진 것이므로 배제시키고 생각할 수 있습니다. 그러면 이 도덕법과 의식법이 과연 사람들이 의롭다 함을 받는 데 어떤 유익을 가져왔을까요? 할례나 절기 같은 규례가 의식법에 속하는데, 그것으로 의롭다 함을 얻을 수 있습니까?

첫 번째로 기억할 것은 그 모든 의식법이 그림자요, 모형일 뿐이라는 사실입니다. 다시 말해 그것은 예수 그리스도의 그림자요, 모형일 뿐입니다. 그림자나 모형 자체는 효력이 없고, 그 실체가 효력을 갖습니다. 따라서 구약 시대의 사람들은 할례나 절기나 제사를 통해 오실 예수 그리스도를 바라보는 가운데 그 믿음의 효력을 누린 것입니다. 그들은 제사를 지내며 의롭다 하시는 하나님의 긍휼을 바라보았고, 절기에 따라 안식일의 의미를 생각하며 우리를 죄 가운데서 해방시키는 하나님의 은혜를 바라보았고, 할례를 통해 영혼 중심의 부패성을 벗어 버려야 한다는 사실을 깨달았습니다.

그들은 그림자인 구약의 율법을 통해 죄를 깨닫고, 제사와 절기를 통해 안식을 바라보면서 훗날 오실 실체이신 예수 그리스도의 공로로 구원받을 것을 어렴풋이 알게 되는 것입니다. 율법은 그림자요 모형이지만 훗날 주님이 오실 것을 전제로 하여 선취적인 효과를 얻습니다. 그러나 그리스도가 없으면 그 자체는 무력한 것입니다. 그리스도가 없는데 할례와 절기와 제사가 어떻게 죄 사함과 의롭다 함에 효력을 가질 수 있겠습니까. 히브리서에서 이미 이야기한 대로 그리스도께서 오심으로 그것은 실제적인 효과를 갖게 됩니다. 시간상으로 미리 받지만 뒤에 오실 그리스도가 있기에 비로소 효력을 갖는 것입니다. 즉 모든 의식법은 실체이신 그리스도가 오시기 이전까지 잠정적, 제한적으로 효과를 보는 것이라 할 수 있습니다.

그러면 도덕법을 지킨다고 해서 우리를 의롭게 할 수 있나요? 그것은 지금껏 계속해서 논증한 바와 같습니다. 그럴 수 없습니다. 율법은 과거나 지금이나 구약 교회나 신약 교회나 동일하게 우리를 정죄하는 근거로 작용할 따름입니다. 따라서 도덕법은 죄인인 우리를 의롭게 하는 근거가 결코 되지 못합니다. 그러면 "율법은 폐기된 것이냐"라는 질문이 나옵니다. 의식법과 관련해서는 구약 시대의 그 용도가 더 이상 유효하지 않기에, 그런 의미에서는 폐기되었다고 말할 수 있습니다. 우리는 구약의 제사를 다시 드릴 이유가 없고, 구약의 할례를 받지 않으며, 구약의 십계명으로 명령하신 안식일 대신에 부활로 인해 새로운 법으로 완성된 주일을 누리고 있기 때문입니다. 그 것 외에도 안식월, 안식년으로 이어지는 모든 절기가 폐기되었습니다. 그리스도께서 이 땅에 오셨기 때문입니다. 그러므로 의식법의 용도가 폐기되었다고 말하는 것입니다. 그런데 그것은 충분한 설명이 아닙니다. 사실상 율법은 단순히 폐기된 것이 아니라 완성된 것이기 때문입니다. 다시 말해 구약의 율법은 그림자요, 모형이었는데 실체가 나타나면서 그 그림자가 지향하던 완성의 때를 이루고 폐기되었습니다. 그러나 그 율법이 더 이상 그 형태로 이어지지 않는 것이지, 원리는 동일합니다. 따라서 그것이 더 궁극적인 완성의 형태가 되었다고 보는 것이 적절합니다.

"그렇다면 도덕법은 어떠한가?"라는 질문이 나옵니다. 이는 본문과 직접적으로 관련이 있는 내용입니다. 율법은 처음부터 우리를 의롭게 하는 능력이 전혀 없고 다만 정죄하는 의미로 주어진 것이었습니다. 율법의 행위로는 결코 의롭게 될 수 없습니다. 그러면 여기서 "도덕법은 의롭다 함을 받는 일과 관련하여 아무 소용이 없기 때문에 폐기되어야 하는 것인가?"라는 질문이 나올 수 있습니다. 이에 대해 바울은 "그렇지 않다"고 답합니다.

여기서 중요하게 알아 두어야 할 것이 있습니다. 율법의 행위가 비록 우리가 의롭다 함을 받는 근거로는 작용될 수 없지만, 그리스도를 믿음으로 말미암아 의롭다 함을 받은 자에게 율법은 거룩한 신앙과 삶의 규칙으로 작용한다는 점에서 여전히 강력한 능력과 용도를 갖고 있다는 것입니다. 다시 말해 율법은, 오직 믿음으로 말미암아 의롭다 함을 받은 자들의 그 믿음이 참된 믿음인지를 구별하는 증거의 기준이 되고, 참된 믿음을 가진 자가 하나님 앞에서 그 의롭다 함을 받은 목적대로 거룩한 삶을 살도록 도와주는 지침이자 규칙으로 작용합니다. 그런 의미에서 율법은 굉장히 중요합니다. 여기서 율법의 중요한 역할 두 가지를 언급했습니다. 하나는 그 믿음이 참된 믿음인지 구별하는 증거의 역할을 하는 것이고, 다른 하나는 그 사람의 신앙과 삶의 규칙이 되는 것입니다.

믿음과 행함

하나님의 율법이 도덕법에 의해서도 여전히 우리가 의롭다 함을 받는 것 자체에는 아무런 역할을 하지 못하지만, 그 의롭다 함을 받은 믿음의 사람들에게는 충분하고 필요한 역할로 작용하고 있다는 것을 알 수 있습니다. 그것은 율법을 폐기하는 것이 아니라 도리어 세우는 것입니다. 복음은 율법을 세웁니다. 믿음으로 의롭게 되는 복음은 신자로서 살아야 할 신앙의 규칙인 율법을 더욱더 강화시키며 분명하게 세워갑니다. 그러므로 의롭다 함을 받는 근거로 율법의 행위에 호소하는 데 잘못이 있는 것이지, 믿음으로 그리스도의 의를 받아 의롭다 함을 받은 자에게는 율법이 신앙의 규칙으로 삼고 순종하며 살아가는 데 절실하고 절대적으로 필요한 것입니다. 이 사실을 잘 이해하기 위해 로마서 3장과 야고보서 2장의 관계를 살펴보겠습니다. 야고보서 2장 21절을 읽어보겠습니다.

"우리 조상 아브라함이 그 아들 이삭을 제단에 바칠 때에 행함으로 의롭다 하심을 받은 것이 아니냐."

이 구절에서 깜짝 놀랄 만한 말씀이 나옵니다. 즉, "행함으로 의롭다 하심을 받은 것이 아니냐"라고 말하며, 긍정적인 대답을 기대하는 아주 강력한 수사문을 쓴 것입니다. 이는 동의를 요구하고 있습니다. 이어서 24절을 보겠습니다.

"이로 보건대 사람이 행함으로 의롭다 하심을 받고 믿음으로만은 아니니라."

24절은 믿음뿐 아니라 행함으로 의롭다 하심을 받는다고 말씀합니다. 따라서 여기서 "행함으로 의롭다 함을 받는다는 이 일을 어떻게 설명해야 할 것인가?"라는 문제가 등장합니다. 우리는 "우리가 의롭다 함을 받는 데 율법의 일정한 역할이 있다는 것이 아닐까? 의롭다 함을 받는 데 행함의 역할은 무엇인가?"라는 질문을 던져놓고 최소한 믿음과 행함의 관계를 살펴봐야 합니다. 로마서 말씀에 따르면 분명히 의롭다 함은 일체의 어떤 행위의 원리에 따라 받는 것이 아닙니다. 율법의 행위가 아니요 믿음으로 받는 것이라고 말했기 때문에, 이는 야고보서에 나온 "행함으로 의롭다 하심을 받고"라는 말과 상충됩니다. 결국 '의롭다 함을 받는 원리'와 모순되는 것을 가르치는 것 같습니다.

그러므로 야고보서가 무엇을 말하는지, 로마서가 무엇을 말하는지 정확히 주해해야 합니다. 야고보서는 "행함으로 의롭다 하심을 받고"라는 말을 통해서 무엇을 말하는 걸까요? 2장 18절을 보겠습니다.

"어떤 사람은 말하기를 너는 믿음이 있고 나는 행함이 있으니 행함이 없는 네 믿음을 내게 보이라 나는 행함으로 내 믿음을 네게 보이리라 하리라."

여기에 답이 있습니다. 야고보 사도는 "행함으로 의롭다 함을 받은 것이 아니냐"라는 말에 대한 주석적, 주해적 풀이를 18절에 제시하고 있습니다. 이 18절이 없으면 야고보서와 로마서를 연결하기 어려울 것입니다. 18절이 야고보서 2장을 해석하는 중요한 토대가 됩니다.

18절 내용에 따르면 '행함이 없는데 믿음이 있는 사람'이 있다고 합니다. 그리고 "그 믿음이 참된 것인지를 어떻게 알 수 있는가?"

라고 묻는 것입니다. 그러면 행함의 역할은 무엇입니까? 행함은 믿음 자체의 진실성을 말해주는 증거가 됩니다. "믿는 자면서 그 증거를 보이지 않는 믿음을 어찌 참된 믿음이라 하겠는가? 그 믿음이 참된 믿음임을 보여주는 증거가 무엇인가?"라고 물을 때, 야고보 사도는 여기서 '행함'을 제시합니다. 믿음과 행함의 상관성에 대해 아주 중요한 내용을 말하는 것입니다.

그런데 어떤 사람들은 그의 말에 "아니오. 내게는 참된 믿음이 있소. 내가 믿는다는데 당신은 왜 자꾸 다른 말을 하오?"라고 주장할 수 있습니다. 그에 대한 반박이 19-20절에 나옵니다.

"네가 하나님은 한 분이신 줄을 믿느냐 잘하는도다 귀신들도 믿고 떠느니라 아아 허탄한 사람아 행함이 없는 믿음이 헛것인 줄을 알고자 하느냐."

풀어서 말하면 이렇습니다. "네가 하나님이 한 분이신 줄 믿느냐? 잘했다. 그러나 귀신들도 하나님이 한 분이신 걸 안다. 그러면 그 귀신들의 믿음이 그 귀신들을 의롭게 하느냐? 아니지 않느냐? 귀신들은 하나님이 한 분이신 줄을 믿고 두려움에 떨기까지 하는데 너는 하나님이 한 분이심을 믿는다고 하면서 어찌 행함이 없느냐? 너는 신자다운 믿음의 증거를 하나도 보이는 것이 없고, 귀신들이 떠는 것만큼 하나님을 두려워할 줄도 모르는데, 어찌 그 믿음이 귀신만한 믿음이 되겠느냐?"

말이나 지식으로 부족하며, 믿음에 합당한 증거가 있어야 한다는 것입니다. 참된 믿음은 행함으로 증거를 갖는 것입니다. 이것은 믿음과 행함이 동일하다는 말이 아닙니다. 또한, 믿음이 곧 사랑이고 사랑이 곧 믿음이라고 하는 것이 아닙니다. 로마 가톨릭처럼 그렇게 주장하는 것이 아닙니다. '믿음'으로 의롭다 함을 받는데, 그 믿음으로 의롭다 함을 받는 사람의 참된 믿음에 필연적으로 나타나는 증거가 있으니 그것이 '행함'이라는 것입니다.

이어서 21절을 보겠습니다. 언제 아브라함이 행함으로 의롭다 함을 받았습니까? 창세기 22장에 아브라함이 이삭을 제물로 바치는 사건이 나오는데, 그 어떤 곳에도 아브라함이 이삭을 제물로 바친 순종으로 의롭다 함을 받았다는 말씀은 안 나옵니다. 단지 "네가 참으로 나를 경외하는 줄 알았노라"라고 말씀하십니다. 아브라함은 하나님의 약속과 그분의 능력과 신실하심을 믿고 이삭을 제물로 바치라는 하나님의 명령에 끝까지 순종했습니다. 하늘의 별과 바닷가의 모래처럼 그의 자손이 많아질 거라는 하나님의 약속을 굳게 믿고 순종한 것입니다. 그런 아브라함에 대해 "그가 하나님을 신뢰하고 경외하는 것을 이삭을 제물로 바친 순종을 통해 나타내 보였도다"라고 말하는 것입니다.

그러므로 창세기 22장에서 아브라함이 이삭을 제물로 바친 순종은 창세기 15장에서 말하고 있는 그가 하나님의 약속을 믿음으로 의롭다 함을 받았다는 그 믿음의 진실됨을 '행함'으로 드러내 보인 것입니다. 15장에서 아브라함이 하나님 앞에 나와 믿음으로 의롭다 함을 받았을 때, 아브라함의 나이는 약 84세였습니다. 그런데 100세에 아들을 얻었으니 이삭을 제물로 바치라고 한 때를 헤아려보면 이삭은 15-20세 정도일 것이고 아브라함은 115-120세 정도 됐을 것입니다. 80세를 기준으로 최소한 35년이 지난 셈입니다. 그리고 아브라함은 그 세월 동안 약속의 아들을 바라보며 주님을 향한 신실한 마음이 변하지 않았던 것입니다. 그때 그의 믿음이 시험을 통해 증거되고 있는 것입니다.

하나님의 율법 앞에 서 있다는 것은 우리가 철저히 죄인이지만 믿음으로 의롭다 함을 받고 하나님의 약속을 믿는 신자가 되었다는 증거를 보이는 것입니다. "하나님의 율례를 지키고 계명을 사랑하는가?", "신자 됨으로 인하여 죄를 용서받은 자의 행복을 노래하면서 하나님의 말씀대로 살아갈 것인가? 아니면 세상의 욕심을 따라 살 것인가?" 이것이 삶의 순간순간 하나님이 우리에게 주시는 시험이요, 도전입니다. 의롭다 함은 죄 용서를 받은 일이요, 하나님의 자녀 됨이요, 영생을 기업으로 받는 것입니다. 따라서 우리는 구원의 행복을 실제로 받은 자이기 때문에 하나님의 율례 앞에 순종을 통해 하나님을 사랑하고 그 은혜에 감사하는 참된 믿음의 증거를 드러내 보일 수 있는 것입니다. 그래서 율법은 아브라함에게 이삭을 제물로 바치라는 명령이 주어진 것 같이 우리의 신앙 상태를 시험하기도 합니다. 그런 과정을 통해 더욱더 주님을 바라보고 순종하도록 우리를 이끌어 가는 것입니다.

율법을 굳게 세움

그러므로 "율법이 우리를 의롭게 하는 것이 아니고, 율법의 정죄가 복음으로 인해 폐기되고 무력화되었으니 율법은 우리에게 더 이상 필요없다"라고 말하는 사람들은 매우 잘못 가르치는 것입니다. 또한, 율법이 아니라 성령의 법에 따라 하나님이 주시는 감동으로 산다는 말도 허구입니다. 성령의 법은 율법을 따라 역사합니다. 왜냐하면 성령은 하나님의 말씀을 통해 우리를 이끌어 가시기 때문입니다. 그리고 하나님의 말씀으로 이끌어 가신다는 것은 하나님을 사랑하고 사람을 사랑하도록 이끌어 가시는 것입니다. "어떻게 사랑하는 것이 하나님과 이웃을 사랑하는 것이냐?"에 대한 길잡이가 말씀의 계명에서 드러나는 것입니다.

따라서 하나님의 율법은 구원받은 성도들 속에서 폐하여지는 것이 아니라 세워지는 것입니다. 도덕법은 믿음으로 의롭다 함을 주시는 복음으로 인하여 더 굳건하게 세워지는 것이라고 볼 수 있습니다. 이제 우리는 성령의 도우심으로 율법을 그 원리와 정신을 따라 지킵니다. 문자적이고 무익한 육적인 순종은 안 되는 것입니다.

그러므로 우리가 실상은 불완전하더라도 순종해 나가는 역사가 계속 드러나는 것입니다. 우리는 "살인하지 말라"라는 말씀 앞에서 "주여, 우리가 살인자입니다"라고 고백할 수밖에 없지만, 그럼에도 형제를 사랑하고 원수까지 사랑하는 성령의 역사가 일어나고, 그 힘으로 불완전하게나마 율법을 지켜 나가게 되는 것입니다. 이 모든 일이 전적으로 예수 그리스도를 믿음으로 의롭다 함을 받은 자에게 드러나는 필연적이며 비분리적인 은혜의 역사입니다. 그래서 주님은 "열매를 보고 나무를 안다"고 말씀하셨습니다. 이 부분에 대한 올바른 이해가 있을 때 은혜 가운데 살아 있으며 하나님을 기쁘게 섬기는 신자의 행복과 영생의 기쁨을 알 수 있는 것입니다. 복음은 간단한 것 같으나 쉽지 않은 것이요, 우리 가운데 불균형으로 치우쳐 곤란을 겪기도 하기에 그에 대한 오해가 많습니다. 그때마다 이 말씀을 새겨 보시길 바랍니다.

"그런즉 우리가 믿음으로 말미암아 율법을 파괴하느냐 그럴 수 없느니라 도리어 율법을 굳게 세우느니라"(31절).

웨스트민스터 대요리문답 72문답과 76문답을 다시 한 번 볼 필요가 있습니다. 먼저 72문답입니다.

문 72. "의롭게 하는 믿음이란 무엇입니까?"
답 : "의롭게 하는 믿음이란, 성령 하나님과 하나님의 말씀으로 죄인의 마음속에 역사하는 구원의 은혜입니다. 이로 인해 죄인은 자신의 죄와 비참함을 깨닫고 가망이 없는 상태에서 회복할 능력이 자신과 다른 모든 피조물에게 없음을 확신하고, 복음의 약속이 진리라는 데 동의할 뿐만 아니라, 죄의 용서와 구원을 받을 수 있도록 하나님이 자신을 의로운 자로 여겨주시기를 위하여, 복음에서 드러난 그리스도와 그분의 의를 영접하고 의지

합니다".

의롭게 하는 믿음이란, 그리스도와 그분의 의를 영접하고 의지하는 것입니다. 그리고 그것은 성령 하나님이 말씀으로 역사하시는 것으로 자기의 죄를 깨닫고 그리스도 앞에 나아가는 것입니다. 그리고 76문답의 내용을 보겠습니다.

문 76. "생명에 이르는 회개한 무엇입니까?"
답 : "생명에 이르는 회개란 성령 하나님과 하나님의 말씀으로 죄인의 마음속에 이루어지는 구원의 은혜입니다. 이로 인해 자신이 지은 죄의 위험성뿐만 아니라 그 죄의 더러움과 추악함을 보고 느끼고 통회하게 됩니다. 따라서 그리스도 안에서 죄인들에게 베푸시는 하나님의 긍휼을 깨닫고 자기의 죄를 슬퍼하고 미워하며 돌아서서 하나님을 향해 나아가고, 그분과 함께 걸으며 새로운 순종의 길로 나가기를 의지적으로 계속 노력합니다."

순종의 길로 나가기를 지속적으로 의도하고 노력한다는 의미에서 율법은 성도의 삶에 규칙으로 작용합니다. 그러나 이것도 의롭게 하는 믿음과 마찬가지로 성령 하나님이 말씀으로 역사하시는 은혜입니다.
이 말씀의 도리를 잘 깨닫기를 바랍니다. 믿음으로 의롭다 함을 받은 사람은 율법을 굳게 세우는 은혜 가운데 성화의 길을 걷습니다. "이 땅에서는 믿음으로 의롭다 함을 받지만 하나님 앞에 섰을 때는 이 땅에서 살아간 순종으로 의롭다 함을 받는다"라고 생각하면 큰 오산입니다. 어떤 이들은 그렇게 말하고 매우 위험한 주장을 하고 있습니다. "믿음으로 이 땅에서 의롭다 함을 받은 자가 신앙의 순종의 길로 나아간다", "종말론적 심판 앞에서는 순종의 길로 간 것으로 의롭다 함을 받는 것이다"라고 갑자기 의롭다 함을 뒤집어 버립니다. 아닙니다. 의롭다 함은 오직 예수 그리스도의 의로 받는 것이지, 순종으로 받는 것이 아닙니다. 하나님의 심판대 앞에 섰을 때 우리를 의롭다 할 유일한 근거는 예수 그리스도뿐입니다. 이 땅에서 그리스도로 말미암아 의롭다 함을 받은 사람은 그날에도 그리스도로 말미암아 의롭다 함을 받는 것입니다.

이 땅에서 의롭다 함을 받은 사람이 성령의 은혜로 순종의 삶을 살아가는 것은 영적인 유익이요, 하나님의 자녀가 누리는 행복입니다. 그것은 성령 하나님이 우리에게 하나님을 알아가는 기쁨을 더욱 부어주시는 것이지, 우리가 믿음 안에서 순종한 것으로 의롭다 함을 받는 것이 아니란 말입니다. 여러분을 의롭다 할 것은 예수 그리스도를 믿는 것뿐이요, 그리스도의 의만 우리를 의롭게 합니다. 그럴 때에 필연적으로 말씀에 순종하는 삶을 이루어가게 되는 것입니다. "그러한 자는 율법을 굳게 세우느니라." 이 말씀이 여러분 자신을 돌아보는 데 큰 은혜가 되고 유익한 교훈으로 작용되기를 바랍니다.

19. 오직 은혜, 오직 믿음

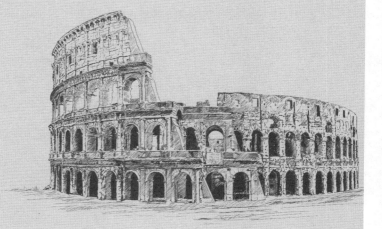

그런즉 육신으로 우리 조상인 아브라함이 무엇을 얻었다 하리요 만일 아브라함이 행위로써 의롭다 하심을 받았으면 자랑할 것이 있으려니와 하나님 앞에서는 없느니라. 성경이 무엇을 말하느냐 아브라함이 하나님을 믿으매 그것이 그에게 의로 여겨진 바 되었느니라. 일하는 자에게는 그 삯이 은혜로 여겨지지 아니하고 보수로 여겨지거니와, 일을 아니할지라도 경건하지 아니한 자를 의롭다 하시는 이를 믿는 자에게는 그의 믿음을 의로 여기시나니, 일한 것이 없이 하나님께 의로 여기심을 받는 사람의 복에 대하여 다윗이 말한 바 불법이 사함을 받고 죄가 가리어짐을 받는 사람들은 복이 있고 주께서 그 죄를 인정하지 아니하실 사람은 복이 있도다 함과 같으니라. 로마서 4:1-8

아브라함과 다윗

이 장은 하나님을 믿음으로 의롭게 되는 놀라운 복음의 원리를 예를 들어 설명하는 장입니다. 즉 실제 예를 들어서 주께서 믿음으로 의롭게 된다는 교훈을 가르쳤다는 사실을 확증하고, 이것을 인정하지 않는 유대인들을 반박하는 것이 본문의 내용입니다. 그러나 믿음으로 의롭게 된다는 복음과 관련하여 "과연 아브라함도 믿음으로 의롭다 함을 받았는가? 구약의 백성도 우리가 아는 대로 믿음으로 의롭게 되는 은혜를 입어서 구원받은 것인가? 아브라함과 구약의 백성은 믿음으로 의롭다 함을 받은 것이 아니지 않은가?" 이러한 질문이 유대인에게서 제기될 법합니다. 그러나 이러한 이해를 받아들이면 안 됩니다. 그것은 신약의 가르침과 구약의 가르침을 서로 충돌하는 것으로 해석하기 때문입니다.

이 사실을 꼭 기억하시기 바랍니다. 아담이 타락한 이후로 하나님이 우리에게 주신 구원의 길은 오직 믿음으로 의롭게 되는 것입니다. 이것을 교훈하기 위하여 바울 사도가 본문에서 예증하고 있는 첫 번째 예는 아브라함이고, 두 번째 예는 다윗입니다. 마태복음 1장에는 예수 그리스도의 계보가 나오는데 거기서 그분을 다윗의 후손으로 오신 분이요, 아브라함의 후손으로 오신 분이라고 말합니다. 즉, 아브라함의 언약과 다윗의 언약은 예수 그리스도로 말미암아 이루어질 구원의 언약입니다. 또한 그 두 사람은 구원사에서 그리스도를 예표하는 역할을 했습니다. 물론 모세도 있고 선지자 시대의 엘리야도 있고 또 새 언약을 예언하는 이사야와 예레미야 선지자, 그 외에도 뛰어난 하나님의 종들이 있지만 적어도 구약 전체의 역사를 대변하는 것은 아브라함과 다윗입니다. 아브라함과 다윗은 예수 그리스도의 예표입니다.

그리고 본문은 "아브라함이 어떻게 은혜와 구원을 받았는가?"에 대해 "믿음으로 의롭다 함을 받았다."고 말하고, "다윗이 그 은혜를 어떻게 이해했는가?"에 대해 역시 "믿음으로 의롭다 함을 받는다는 것을 바르게 이해하고 있었다."고 말합니다. 이 두 예를 통해서, 구약 백성의 구원의 길도 믿음으로 의롭다 함을 받는 데 있었다는 사실을 분명하게 해설합니다.

아브라함과 이삭과 야곱의 족장 시대를 지나면서 이스라엘은 열두 지파의 구성을 이루게 됩니다. 이전에는 하나님이 구원 역사를 보편 인류를 대상으로 전개하신 것 같은 인상을 줍니다. 아담과 노아의 홍수와 바벨탑으로 이어지는 전체 역사는 특정한 언약 백성이라는 한정된 그룹이 아니라 인류 전체를 대상으로 펼쳐집니다. 즉 우리의 조상 아담과 하와가 타락한 이후에, 하나님께서 인류 보편을 향하여 죄악된 인생을 심판하시는 내용으로 전개됩니다. 그런데 12장부터는 하나님의 가르침의 대상이 갑자기 전 인류가 아니라 아브라함 한 사람에게 집중되고, 아브라함과 이삭과 야곱을 통해 열두 지파가 형성되면서 우리가 아는 구약 교회의 틀이 구성됩니다. 그리고 우리가 잘 아는 다윗은 구약 교회 안에서 이스라엘을 다스리는 하나님 나라의 왕직을 보여주는 예수 그리스도의 예표가 됩니다.

구약의 머리가 되는 아브라함, 이스라엘의 왕적 통치의 상징이 되는 다윗으로 이어진 역사 속에 예수 그리스도께서 아브라함과 다윗 언약의 후손으로 오신다는 것은 그분을 믿음으로 구원받는 일이 구약 백성을 포함하며, 결코 그것이 신약 교회에게만 적용되는 것이 아님을 보여줍니다. 아브라함의 후손이요, 다윗의 후손인 예수 그리스도께서 오셔서 이루신 '믿음으로 의롭게 되는 객관적 구속 사역'은 그리스도의 육신의 조상인 다윗과 아브라함에게도 소급하여 적용되며, 구약 교회 안에 있는 하나님의 택하심을 받은 모든 성도에게도 적용됩니다.

로마서 4장에서 사도 바울이 아브라함과 다윗을 예로 드는 것은 유대인에게 있어서 아브라함과 다윗이 가장 중요한 인물이기 때문입니다. 뿐만 아니라 두 사람은 하나님이 우리에게 구원을 베푸시는 맥락 속에서 그리스도를 믿음으로 의롭다 함을 받는 원리를 보여주는 구약의 대표자라고 볼 수 있습니다. 즉, 4장은 3장에서 5장으로 넘어

가면서 단순히 내용을 보충하는 예증이 아니고, 교리적 설명의 역사적 실체를 보여주는 장으로서 굉장히 중요한 본문입니다.

아브라함이 모든 믿는 자의 조상이 된 이유

본문을 차근차근 살펴보겠습니다. 1절에서 "육신으로 우리 조상인 아브라함"이라고 표현한 이유는 본문이 유대인을 대상으로 하는 내용이고, 바울 자신도 역시 유대인이기 때문입니다. 그런데 사실 "육신으로 우리 조상"이라는 말은 '믿음으로 우리 조상 된 아브라함'이라는 말을 떠올리게 합니다. "육신으로 우리 조상인 아브라함이 무엇을 얻었느냐?"로 시작해 "아브라함은 모든 믿는 자의 조상이 된다"로 전개됩니다. 이 전개는 "아브라함의 후손은 육신의 후손으로 제한된다"는 잘못된 구원관을 수정하기 위한 의도적인 배경이 있는 것입니다. "육신으로 우리 조상인 아브라함이 얻은 것이 아브라함의 육적 혈통인 우리에게 주기 위한 것만이 아니라면 아브라함은 우리만의 조상은 아닐 것이다. 육신으로 우리 조상인 아브라함이 얻은 것이 육신과 관계없이 믿음으로 얻는 것이라면 아브라함은 우리의 조상뿐 아니라 모든 믿는 자의 조상이 된다." 바로 이 내용이 암시되어 있는 것입니다. 16절에는 "그러므로 상속자가 되는 그것이 은혜에 속하기 위하여 믿음으로 되나니 이는 그 약속을 그 모든 후손에게 굳게 하려 하심이라 율법에 속한 자에게뿐만 아니라 아브라함의 믿음에 속한 자에게도 그러하니 아브라함은 우리 모든 사람의 조상이라"라는 논증이 나옵니다.

> "만일 아브라함이 행위로써 의롭다 하심을 받았으면 자랑할 것이 있으려니와 하나님 앞에서는 없느니라"(2절).

2절은 이렇게 말합니다. "아브라함은 의롭다 하심을 얻었다. 그러나 그것은 행위로 얻은 것이 아니다. 만일 행위로 의롭다 하심을 받았다면 그에게 자랑할 것이 있지 않았겠느냐. 그런데 하나님 앞에서는 없다." 사실 2절은 삼단논법의 형식에 비추어보면 조금 맞지 않습니다. 정작 말하기를 원했던 논증의 결론이 빠져 있기 때문입니다. 대전제와 소전제만 써놓고 결론을 빼놓은 것과 비슷합니다.

2절에서 대전제는 이것입니다. "만일 아브라함이 행위로 의롭다 하심을 받았으면 자랑할 것이 있었을 것이다." 그리고 소전제는 "그런데 아브라함은 자랑할 것이 없다."입니다. 그에 해당하는 구절이 "하나님 앞에서는 없느니라"입니다. 그렇다면 결론은 어디에 있을까요? 결론이 빠져 있지요? 결론을 붙인다면 어떤 내용이 될까요? 그것은 "그러므로 아브라함이 하나님 앞에서 의롭다 하심을 받은 것은 행위로 얻은 것이 아니다"가 될 것입니다. 이것이 논증의 가장 중요한 핵심으로 삼단논법 구조로 봤을 때 2절에 덧붙여야 할 결론 부분입니다. 그리고 계속해서 보면 3절이 2절에 이어지는 결론인 것을 알 수 있습니다.

"성경이 무엇을 말하느냐 아브라함이 하나님을 믿으매 그것이 그에게 의로 여겨진 바 되었느니라"(3절).

3절 말씀은 앞서 2절의 결론으로 제시한 "아브라함이 하나님 앞에서 의롭다 하심을 받은 것은 행위로 얻은 것이 아니다"라는 말씀과 결국 같은 내용을 진술하고 있기 때문입니다. 이러한 2절과 3절의 논리 흐름은 분명히 믿음을 행함과 대립된 개념으로 진술합니다.

믿음에 대한 올바른 이해가 필요함

그런데 어떤 이들은 그 흐름을 따라가지 않고, 3절의 "아브라함이 하나님을 믿으매"에서 믿음을 '믿음이라는 행위'로 해석하는 잘못을 범합니다. 그렇게 해석하면 믿음 자체도 행위요, 믿음에 따라 맺는 열매도 행위가 되어 결국 우리가 행위로 의롭다 함을 받는다는 결론에 이르게 됩니다. 이런 말은 얼핏 생각하면 그럴듯하여 사람들을 잘못된 곳으로 이끕니다. "나는 믿고 너는 안 믿지 않았느냐? 믿은 내가 하나님께 의롭다 함을 받고 구원받는 것은 당연한 것이다." 이런 주장 때문에 믿음을 마치 하나의 행위로 여기고 인간에게서 의롭다 함의 근거를 세우려고 합니다. 이러한 오류에 빠지지 않기 위하여 우리는 믿음으로 의롭다 함을 받는다는 것이 어떤 의미인지를 바르게 아는 것이 중요합니다.

"나는 믿음의 행위를 보였으니 의롭다 할 만한 이유나 근거가 내편에 있는 거야. 말하자면 믿음도 하나의 행위지. 물론 윤리적인 선한 행위와는 다르지만 믿음도 하나의 행위이고 순종이야. '그리스도를 믿으라. 그리하면 구원을 받으리라'라는 말씀에 순종한 나의 믿음을 근거로 내가 의롭다 함을 받은 것이고, 너는 그렇게 하지 않았으니 의롭다 함을 받지 못한 거야." 이런 생각은 조심하고 주의해야 합니다. 이는 너무나 잘못된 생각입니다. 우리가 믿음으로 의롭다 함을 받는 것은 맞지만, 그 믿음이 하나의 행위가 되어서 하나님이 의롭다 하실 만한 어떤 주관적인 근거나 공로가 되는 것은 아닙니다. 의롭다 함을 받는 근거는 오직 예수 그리스도뿐입니다.

따라서 믿음의 역할에 대한 올바른 이해가 필요합니다. 믿음은 인간의 심리적인 활동 중 하나입니다. "심리적인 활동도 인간이 생각하고 고백하고 마음으로 받아들이는 것이니 믿음도 일종의 행위가 아니냐?"라고 생각할 수 있습니다. 넓은 의미에서 보면 믿음은 하나의 행위일지 모르지만, 그것은 의롭다 함을 받게 하는 근거 또는 공로가 되는 '행함'은 아닙니다. 어떤 의미에서도 의롭다 함을 받을 만한 근거가 우리에게 없으니, 그저 의롭게 하신다는 하나님의 약속을 받아들이는 것이 '믿음'입니다. 믿음은, 하나님이 우리가 의롭다 함을 받기 위한 모든 근거를 화목제물인 그리스도 안에서 찾으시고 그를 통하여 우리에게 의롭다 함을 베푸신다고 하는 그 놀라운 은혜의 약속을 받아들이는 것입니다. 즉, 그 믿음은 의롭다 함을 받는 근거가 아니라 의롭다 함을 받는 '하나의 방식'이 되는 것입니다.

따라서 "믿음이 얼마나 훌륭해야 내가 의롭다 함을 받을 수 있을까?"라는 질문은 어리석은 것입니다. 믿음이 진실한지가 중요합니다. 즉, 하나님이 예수 그리스도 안에서 베푸신 구원의 약속을 진실하게 믿는가가 중요할 뿐입니다. 따라서 믿음은 그리스도 안에서 베푸신 그 은혜를 받아들이고 진실하게 믿느냐 하는 문제이지, 얼마만큼 성숙하거나 강해야 하는가의 문제가 아닌 것입니다.

따라서 우리는 연약하고 성숙한 믿음이 없더라도 예수 그리스도의 복음의 근거를 바르게 배우고 스스로 그 내용을 받아들이면 의롭다 함을 받습니다. 비록 아직은 복음의 이해 수준이 낮고 성화의 수준도 낮다 할지라도, 구원의 은혜를 받고 의롭다 함을 받을 수 있는 믿음은 갖고 있는 것입니다.

믿음이 우리가 의롭다 함을 받는 근거가 된다고 하니까 어떤 사람은 "우리 믿음이 얼마만큼 성숙해야 의롭다 함을 받을 만한 근거가 될까?"라는 고민을 합니다. 그리고 우리 안에 나타나는 하나님의 말씀에 대한 사랑과 순종의 의지와 순종의 열매를 통해 자신의 믿음을 점검해보면서 "나는 아직도 의롭다 함을 받기에 부족한 믿음이구나"라고 탄식하며 불안에 떨기도 합니다. 이는 마치 중세 후기 종교개혁 이전에 성도들을 불안하게 했던 신학으로 돌아가는 것입니다. 그러나 종교개혁은 로마서의 올바른 해석을 통해 예수 그리스도의 복음을 바르게 풀어 주었습니다. 이 복음을 본문을 통해 살펴보겠습니다.

믿음은 의롭다 함을 받는 수단임

"성경이 무엇을 말하느냐 아브라함이 하나님을 믿으매 그것이 그에게 의로 여겨진 바 되었느니라"(3절).

3절은 "아브라함이 하나님의 은혜를 그대로 받아들여서 의롭다 함을 받았다"는 사실을 말합니다. 하지만 "그래도 하나님은 우리가 믿어야 의로 여기시니까 아브라함에게도 믿음이라는 책임이 있는 것이고, 따라서 아브라함이 믿는 일에서 어떤 역할을 한 것이니 그의 공로를 인정해야 하는 것 아니야?"라고 질문하시겠습니까? 이 질문의 답은 본문을 풀어 가면서 주어질 것입니다. 앞서 말한다면, 믿음은 의롭다 함을 받는 것과 관련해 근거나 이유가 아니며 단지 '수단'일 뿐입니다. 이 사실을 본문을 통해 살펴보겠습니다.

아브라함이 무엇을 믿었습니까? 하나님의 약속입니다. 그 약속은 무엇을 담고 있었습니까? 아브라함의 후손이 하늘의 별과 바닷가의 모래처럼 많아질 것이고, 약속의 땅을 그에게 줄 것이며, 다른 이가 아니라 그의 몸에서 날 자가 바로 그의 후사가 될 것이라는 내용이었습니다. 하나님이 아브라함에게 부어주시는 하나님의 상급인 이 약속을 아브라함이 믿은 것입니다. 아브라함은 "하나님이 옳으시고 하나님이 하신 약속은 그대로 이루어질 것입니다"라고 믿고 "내게 베푸신 이 은혜가 얼마나 큰가"라고 고백하며 그 은혜를 그대로 받았을 뿐입니다. 그리고 아브라함은 하나님이 약속하신 그 내용대로 믿족의 조상이 되었습니다. 그리고 약속하신 바가 이루어져 아브라함의 자손을 통해 믿는 자마다 의롭게 됩니다. 그러니까 아브라함이 하나님을 믿었다는 사실이 그를 의롭게 한 것이 아니고, 하나님이 미리 은혜로 주신 그 언약의 내용을 아브라함이 믿음으로 받아들였기에, 그 언약의 내용에 따라 그가 의롭다 함을 받은 것입니다. 결국 믿음 자체는 의롭게 만드는 공로적 근거가 아닙니다.

이 말씀을 좀 더 잘 이해하려면 아브라함이 이러한 믿음의 고백을 하기 전에 하나님이 그에게 어떤 은혜와 약속을 주셨는지 살펴볼 필요가 있습니다. 창세기 12장 1-5절을 보겠습니다.

"여호와께서 아브람에게 이르시되 너는 너의 고향과 친척과 아버지의 집을 떠나 내가 네게 보여 줄 땅으로 가라 내가 너로 큰 민족을 이루고 네게 복을 주어 네 이름을 창대하게 하리니 너는 복이 될지라 너를 축복하는 자에게는 내가 복을 내리고 너를 저주하는 자에게는 내가 저주하리니 땅의 모든 족속이 너로 말미암아 복을 얻을 것이라 하신지라 이에 아브람이 여호와의 말씀을 따라갔고 롯도 그와 함께 갔으며 아브람이 하란을 떠날 때에 칠십오 세였더라 아브람이 그의 아내 사래와 조카 롯과 하란에서 모은 모든 소유와 얻은 사람들을 이끌고 가나안 땅으로 가려고 떠나서 마침내 가나안 땅에 들어갔더라."

하나님은 아브라함에게 후손과 땅에 대한 약속을 주시면서 그가 큰 민족을 이루고 복의 근원이 될 것이라고 말씀하셨습니다. 바로 이 놀라운 약속을 아브라함이 믿었기에 그를 통해 그 일이 이루어진 것입니다. 그러면 이 약속의 내용은 어떻게 이루어집니까? 당시 아브라함은 하나님의 약속을 받고 그 약속의 실현에 대해 근심했습니다. 그의 마음이 창세기 15장 3절에 잘 나와 있습니다.

"주께서 내게 씨를 주지 아니하셨으니 내 집에서 길린 자가 내 상속자가 될 것이니이다."

아브라함은 창세기 12장의 축복을 믿지만 그것이 어떻게 실현될런지에 대한 질문을 가지고 주님 앞에 나옵니다. 사실 12장의 축복은 13장에서 아브라함이 롯과 갈라선 다음에도 하나님이 다시 확인시켜주셨습니다. "보이는 땅을 내가 너와 네 자손에게 주리니 영원히 이르리라"(15절). 땅의 약속을 다시 주시며 "내가 네 자손이 땅의 티끌 같게 하리니 사람이 땅의 티끌을 능히 셀 수 있을진대 네 자손도 세리라"(16절)라고 다시 한 번 12장의 약속을 확인시켜주십니다. 아브라함은 하나님이 이 일을 분명히 이루실 거라고 굳게 믿고 그 약속을 받아들였습니다. 그런데 아무리 기다려도 자식이 없으니 "이 일이 나에게 어떻게 이루어질 것인가" 하며 하나님의 약속의 실현에 대해 질문을 던진 것입니다. 그때 아브라함은 나름 매우 겸손하게 "하나님의 뜻이 저를 통해 이루어질 텐데 지금 저에게는 자식이 없으니 엘리에셀을 통해 이루실 것인가요?"라고 물어봅니다. 다시 말해, 하나님이 저를 통해 이루실 놀라운 약속은 반드시 이루어질 텐데, "씨를 주지 아니하셨으니 혹시 제 씨가 아니라 엘리에셀이 그 상속자입니까?"라고 주 앞에 그 뜻을 물었던 것입니다. 하나님은 15장 4-5절에서 이렇게 말씀하십니다.

> "여호와의 말씀이 그에게 임하여 이르시되 그 사람이 네 상속자가 아니라 네 몸에서 날 자가 네 상속자가 되리라 하시고 그를 이끌고 밖으로 나가 이르시되 하늘을 우러러 뭇별을 셀 수 있나 보라 또 그에게 이르시되 네 자손이 이와 같으리라."

이 말씀은 아브라함에게 굉장히 의아한 것이었습니다. 불가능한 상황 가운데 그가 하나님 앞에서 다메섹 사람 엘리에셀을 말하며 자신의 믿음의 고백을 드러냈는데, 하나님이 다시 한 번 동일한 약속을 주셨기 때문입니다. 그런데 6절을 읽어보니 "아브람이 여호와를 믿으니 여호와께서 이를 그의 의로 여기시고"라고 나옵니다. 아브라함은 "네 몸에서 날 자가 네 상속자가 될 것이다", "뭇별을 셀 수 없는 것처럼 네 자손이 그와 같이 많아질 것이다"라는 하나님의 약속을 믿습니다. 그 약속의 근거도 "나는 네 방패요 너의 지극히 큰 상급이니라"(창 15:1)라고 하신 하나님의 말씀입니다.

여기서 하나님이 그의 상급이라는 사실은 아브라함이 이미 경험한 일이었습니다. 14장에는 롯이 포로가 된 상황 속에서 아브라함이 318명의 종을 끌고 가서 당시 가나안 지역의 연합군 세력을 격파하고 돌아오는 사건이 나옵니다. 그 일을 통해 아브라함은 하나님이 자기의 방패이자 상급이라는 것을 이미 경험했고 멜기세덱의 축복을 받았습니다. 멜기세덱은 히브리서에 나온 대로 아주 신비로운 인물입니다. 그는 '살렘' 왕인데 '살렘'은 평강을 뜻합니다. 그리고 살렘 왕의 이름은 '멜기세덱'으로 '세덱'은 의를 뜻하고 '멜기'는 왕을 뜻합니다. 즉, 공의의 왕이 평강의 지역을 다스리는 것입니다. 그런데 그 의와 평강의 왕은 누구를 가리킵니까? 참된 의와 평강의 왕은 예수 그리스도이십니다. 연합군 세력과의 싸움에서 승리하고 돌아온 아브라함에게 멜기세덱이 나타나서 그가 얻은 것에서 십분의 일을 받고 예배와 제사를 받으며 그를 축복해줍니다. 그때 아브라함은 평강의 지역을 다스리는 공의의 왕인 멜기세덱을 통해서 진정한 의와 평강의 왕이신 예수 그리스도를 보게 됩니다. 멜기세덱은 그리스도의 모형이기 때문입니다. 그리고 그의 후손을 통해 큰 민족을 이룰 것이라는 말씀 속에서 예수 그리스도께서 오셔서 이루실 구원의 약속에 눈을 뜨게 됩니다.

결국 "아브라함이 믿으니"라고 했을 때는 주관적 확신의 정도에 근거해서 의롭다 함을 받는 것이 아니라는 사실을 알 수 있습니다. 아브라함은 당시 하나님이 그의 몸으로부터 후사를 세워 훗날에 모든 믿는 자를 의롭게 할 은혜의 역사를 베푸실 것이라는 계시를 믿은 것입니다. 우리가 예수 그리스도를 믿는 자마다 의롭게 된다는 하나님의 약속을 믿는 것과 같습니다. 그러므로 아브라함의 믿음이나 우리의 믿음이나 하나님이 행하시는 은혜의 언약을 믿음으로 의롭다 함을 받는 그 믿음은 동일한 것입니다. 또한 아브라함은 약속을 따라 미리 의롭다 함을 받은 것이고, 우리는 오신 그리스도를 믿음으로 의롭다 함을 받은 것이니 모두 예수 그리스도 안에서 의롭다 함을 받은 것입니다.

그러므로 항상 명심해야 할 것은 우리가 의롭다 함을 받는 것은 오직 예수 그리스도를 믿는 복음 때문이지, 우리의 믿음의 행위 때문이 아니라는 사실입니다. 믿음의 행위 자체는 의롭다 함을 받는 방식이요 수단일 뿐이지, 우리가 의롭다 함을 받는 어떤 근거가 아닙니다. 만일 어떤 이가 주장하듯이, "믿음은 하나의 행위이며, 곧 사랑이요 율법의 순종이요 새 계명의 순종이므로 하나님을 사랑하고 이웃을 사랑하는 것이 바로 믿음의 행위다"라고 말하면 안 됩니다. 다시 말해서 "믿음은 곧 순종과 같으니 믿음의 행위로 의롭다 함을 받는 것은 하나님과 이웃을 사랑하는 순종을 통해 의롭다 함을 받는 것과 같다"라고 한다면, 이는 완전히 잘못된 오류를 범하는 것이니 주의해야 합니다.

하나님의 긍휼의 은혜

다시 로마서의 내용을 살펴보겠습니다. 4-5절에서는 일하는 자와 일하지 않는 자를 비교하고 있습니다. 이는 부지런한 사람과 게으른 사람을 비교하는 것이 아닙니다. 여기서 '일하는 사람'이란 자신이 일한 것을 근거로 공로나 대가를 요구할 수 있는 사람이고, '일하지 않는 사람'이란 일한 것이 없어서 어떤 공로나 대가를 주장할 만한 것이 아무것도 없는 사람입니다. 그러니까 공로를 주장하는 사람은 그 공로에 따라 삯을 받는 것이니 의롭다 함을 은혜로 받는 거라고 말하지 않는다는 것입니다. 바로 그것이 4절의 해석입니다. 이와 관련하여 공로를 주장할 만한 일이 아무것도 없는 사람은 의롭다 함을 완전히 은혜로 받는 거라고 5절에서 말합니다. 의롭다 함을 받을 만한 공로를 주장할 것이 없는 사람이 의롭다 함을 받는 방식이 믿음이라는 사실을 이야기하는 것입니다. 여러분의 마음속에 "내가 하나님 앞에서 칭찬받을 만한 의가 있을까?"라고 생각하며 근심의 괴로움이 들어올 수 있습니다. 그때 우리는 칭찬받을 만한 공로가 없는 사람이 믿음으로 의롭다 여김을 받는다는 사실을 기억해야 합니다.

여러분, 의롭다 여김을 받는 근거는 우리가 아니라 예수 그리스도의 의이므로 우리는 불안해하지 말고 전적으로 예수 그리스도의 의를 바라보며 하나님의 약속을 신뢰하며 나아가면 됩니다. 혹 "제가 이런 상태인데 어떻게 뻔뻔하게 하나님 앞에서 오직 약속을 믿는다는 믿음으로 의롭다 함을 받았다고 확신할 수 있습니까?"라고 자책할 수 있는데, 이것은 하나님이 보실 때 오히려 교만한 태도입니다. 본래 우리는 하나님 앞에 아무것도 내놓을 것이 없는 자이기 때문입니다. "하나님, 저는 의롭다 함을 받을 자격이 없습니다."라고 말하면서 믿음으로 구원받는 복음을 거부한다면, 사실 하나님 앞에 겸손한 것이 아니라 오히려 교만한 태도입니다. 이러한 생각은 마치 하나님이 자기와 같은 줄로 아는 생각에 불과합니다.

5절에 "경건하지 아니한 자를 의롭다 하시는 이를 믿는다"고 했습니다. 그는 하나님이 경건하지 아니한 자를 의롭다 하시는 분임을 믿는 것입니다. 세상은 하나님이 죄인을 심판하시는 분이라는 사실에 동의할 것입니다. 그래서 "왜 하나님은 악인을 그냥 두시냐? 하나님이 안 계신 게 분명하다"라는 말이 나오는 것입니다. 즉 하나님이 계시다는 논증에 가장 반대되는 전통적 논리는 "세상에는 악이 있다. 하나님은 공의롭고 선하시다. 그런데 왜 이 세상에 악이 존재할까? 그것은 하나님이 공의롭지 않거나 선하지 않거나 악을 제거할 능력이 없거나 하나님이 안 계시기 때문이다"라고 말합니다. 그런데 성경은 "하나님이 경건하지 않은 자를 의롭다 하신다"고 전합니다. 이는 사람들이 자연 본성으로 이해하는 신관과 어긋납니다. 세상은 사람이 의롭다 함을 받으려면 최소한 우리 안에 경건과 선행이 있어야 한다고 생각합니다. 즉 자신이 무언가를 행하면 의롭다 함을 받고 아니면 못 받는다고 생각하는 것입니다. 그러나 바로 그것이 율법주의고 계명주의요, 복음에 어긋나는 반복음적인 사상입니다. 사도 바울은 그런 사상에 대항하여 계속 싸웠습니다.

예수 그리스도의 복음은 성도를 죄인으로 남게 하지 않습니다. 죄에서 돌이켜 새 사람, 의인으로 살게 합니다. 그러나 그때 나타나는 은혜의 결과와 열매는 그를 의롭게 하는 근거가 아닙니다. 우리의 어떤 선행도 하나님 앞에서는 불완전합니다. 그 선행이 우리의 죗값을 치를 만한 가치가 있습니까? 우리는 죄를 지었고, 우리에게는 그 죗값을 치를 만한 어떤 선행도 없습니다. 그렇다고 한다면 그것은 우리를 의롭게 하는 '그리스도의 의'의 가치를 삭감시키는 것입니다. "그리스도의 의는 99%까지만 일하십시오. 1%는 제가 할게요."라고 말할 수 있을까요? 그럴 수 없습니다. 우리는 1%는커녕 0.01%도 할 수 없습니다.

로마 가톨릭의 교리

불행하게도 로마 가톨릭은 예수님이 원죄의 책임과 형벌, 그리고 자범죄의 책임은 면해주셨지만 자범죄의 형벌은 면해주지 않으셨다고 믿습니다. 그리고 자범죄에 대한 형벌의 값은 선행을 통해 스스로 갚아야 한다고 주장합니다. 그러나 선행으로 죗값을 치르는 것이 많겠습니까, 죄로 인해 형벌을 받을 것이 많겠습니까? 어느 것이 더 많겠습니까? 아무래도 치러야 할 죗값이 더 많을 것이므로, 이에 대해 로마 가톨릭은 죗값을 씻어내기 위해 연옥을 주셨다고 믿으며 그것을 또한 은혜라고 합니다.

　그러므로 천주교인을 만났을 때 이렇게 대화를 이어가면 좋습니다. 먼저 "예수님을 믿으시지요? 저도 예수님을 믿으니 그리스도의 복음을 같이 믿는 것 같습니다"라고 말합니다. 그리고 이렇게 물어보세요. "그런데 참 궁금한 것이 있습니다. 예수님이 자범죄의 형벌을 모두 깨끗이 면해주셨다면서요?" 그때 모른다거나 그렇다고 하는 사람은 아직 천주교의 교리를 모르는 천주교인입니다. 교리를 아는 천주교인이라면 "아니에요. 그 대신에 자비로운 하나님께서는 우리에게 연옥을 주셨습니다."라고 할 것입니다. 이제 대화를 계속 이어 갑니다. "아, 저희도 그 정도는 알지요. 그런데 예수님은 왜 자범죄에 대한 책임은 면해주시면서 형벌은 우리에게 갚으라고 하셨을까요?" 그리고 어떻게 해야 연옥에서 그 죗값을 다 갚을 수 있나요?" 그때 천주교인들은 선행을 통해 형벌을 갚는다고 답할 것입니다. 그리고 이어서 "선행으로 형벌을 갚는 거군요. 참으로 두려우실 것 같습니다. 연옥에서 형벌을 갚는 것이 남아 있다면 그 죗값을 치르는 형벌은 어떤 것인가요?"라고 물어보면, 그들은 "죄의 형벌을 받으며 죄를 씻어내는 것이기 때문에 아마도 지옥과 같은 고통일 것입니다."라고 말할 것입니다.

그들이 말하는 연옥은 지옥 바로 옆에 붙어 있습니다. 가톨릭의 종말론적 구조로 보면 영아 때 죽은 아이들은 지옥에 안 가고 그 영혼만 따로 모이는 유아림보에 있다고 합니다. 그 밑에 연옥이 있으며, 그곳은 바로 지옥 옆입니다. 연옥은 고통스러운 곳이고 죗값을 치러야 하는 형벌의 장소입니다. 이제 분명하게 천주교인들에게 이렇게 말하십시오. "여러분의 예수님께서는 여러분이 지옥과 방불한 죗값을 치러서 형벌을 갚아야 낙원에 올라가도록 하셨군요." 이 사실을 듣고 나서 자신들의 신앙이 과연 성경의 복음인지를 곰곰이 생각해보는 이가 있다면 그는 복된 자일 것입니다. 오늘 우리가 살피는 이 복음을 들을 기회를 가질 수 있을 것이기 때문입니다.

이것이 로마 가톨릭과 우리가 이해하는 복음의 결정적인 차이입니다. 가톨릭이나 불교 신앙을 가진 이들 중에도 훌륭한 이들이 있습니다. 그들은 종교성에 따라 착하게 살고자 합니다. 그런데 가톨릭 신자에게는 예수 그리스도의 의로 전적인 죄 사함을 받고 형벌을 면제 받았다는 믿음이 없습니다. 아무도 그들에게 그 믿음을 가르쳐주지 않은 것입니다. 그들은 그리스도를 믿지 않으니 계속 연옥에서 자기 죗값을 치러야 한다는 부담을 안고 살아갑니다. 평생 연옥에서의 형벌을 줄이는 일이 최대의 목표인 것입니다. 그 마음의 짐이 얼마나 크겠습니까? 그러나 죗값을 치루는 것이란 사실상 불가능한 일입니다.

그래서 그들은 마지막 날에 이르기 전에 고해성사에 힘을 기울여야 한다고 말합니다. 그런데 고해성사를 해도 그것이 끝난 이후에 갚아야 할 보속을 행할 시간이 충분치 않으며, 그리하여 결국 보속을 다 행하지 못하고 죽게 된다면 어떻게 될까요? 마지막 날에 얼마나 오랫동안 연옥에서 시간을 보내야 할까 걱정하면서 그 고통과 두려움 속에서 임종하지 않을까요? 참으로 안타깝게도 그들은 여기서 마리아를 의지합니다. 마리아가 자기들을 불쌍히 여겨 그리스도께서 연옥의 형벌을 내리실 때 감해주시도록 중보해주기를 바라면서 그렇게 세상을 떠나는 것입니다.

본문 6-8절에는 다윗의 이야기가 나옵니다. 여기서는 다윗의 시편 32편을 인용합니다. 시편 32편은 다윗이 참회하고 돌아와서 깨달은 내용을 적은 회개의 시, 참회의 시입니다. "아, 내가 하나님께 큰 죄를 범하였으니 내가 이제 깨달아 고백하는도다. 내가 아무리 경건하려고 애를 써도 넘어지니 나의 의는 아무 것도 아니구나. 내가 무엇으로 하나님의 법정 앞에서 의롭다 할 만한 나의 의를 말할 수 있겠는가? 내가 불법의 사함을 받고 죄를 가려지는 은혜를 받는 길은 딱 하나, 하나님이 긍휼을 베푸시는 것밖에는 없다." 바울 사도는 이 내용을 로마서 4장 6-8절에서 인용합니다.

"일한 것이 없이 하나님께 의로 여기심을 받는 사람의 복에 대하여 다윗이 말한 바 불법이 사함을 받고 죄가 가리어짐을 받는 사람들은 복이 있고 주께서 그 죄를 인정하지 아니하실 사람은 복이 있도다 함과 같으니라"(6-8절).

누가 복이 있습니까? 불법이 사함을 받고 죄가 가려지는 은혜를 받은 사람들입니다. 주께서 그 죄를 인정하지 않는 사람은 복이 있습니다. 그래서 종교개혁자들은 '오직 은혜, 오직 믿음'을 주장했던 것입니다. 다윗이 찬송하는 바가 죄책은 용서받고 형벌은 받아야 하는 일이었습니까? 생각해보세요. 하나님이 "너희가 죄책은 없으나 형벌은 받아야겠다"라고 말씀하시려고 다윗의 그 고백을 기록하게 하신 것입니까? 아닙니다. 다윗은 자신의 모든 죄책은 물론이며 죄로 인한 형벌도 면제해주신 하나님의 긍휼의 은혜를 찬송하고 있습니다.

어떤 사람이 부채가 많아서 개인 파산을 신청했더니 정부에서 "당신에게는 이제 빚을 갚을 책임이 없습니다"라고 해놓고 "그러나 빚은 갚으시오"라고 말한다고 가정해봅시다. 이것이 말이 됩니까?

이는 대통령 사면으로 나오는 죄수에게 "당신의 모든 죄책은 없어졌소. 그러나 감옥에서 형량을 다 치르고 나오시오."라고 말하는 것과 같습니다. 배심원이 죄가 없다고 하면 판사는 형량을 내리지 못합니다.

그런데 로마 가톨릭은, 죄의 책임은 면했으나 형벌은 남아 있다고 말합니다. 그 형벌을 갚기 위해 연옥이 있어야 되는 것이고, 그 연옥에 대한 근거가 성경에 없으니 외경에서 찾아낸 것이고, 그 외경에서 찾아낸 연옥의 문제를 이 세상에서 달랠 수 있어야 하니 고해성사를 만든 것입니다. 그들은 고해성사를 통해 벌책을 덜어내려고 사죄를 선언하는 권세를 교황과 그에게 속한 신부에게 부여했고, 교황이 교회의 머리이신 그리스도의 대리자로서 이러한 권위를 갖는다고 주장합니다. 연옥에서의 형벌에 대한 두려움을 이용하여 성경에 아무런 근거도 없는 면벌부를 팔기도 합니다. 로마 가톨릭의 교회론과 구원론은 잘못된 것입니다.

이러한 까닭에 로마 가톨릭의 신학은 심령을 율법주의의 멍에로 묶어버리고 그리스도의 복음의 기쁨과 위로를 알지 못하게 합니다. 이러한 일들의 악함과 비참한 증상이 중세 후기에 강하게 드러났을 때, 하나님은 종교개혁이라는 은혜를 베푸셨습니다. 그리하여 본문의 참뜻이 잘 드러나게 하셨습니다. 그런데 도대체 왜 이렇게 분명한 말씀을 잘못 해석하는 일이 일어나는 것일까요? 그것은 죄의 책임과 형벌을 임의로 분리시켜서 자의로 해석했기 때문입니다. 죄의 책임이 없으면 형벌을 받을 이유가 없음에도 불구하고, 죄의 책임은 면해지지만 형벌은 받아야 한다는 잘못된 주장을 한 것입니다.

결론

본문의 결론은 명확합니다. 어떻게 우리가 의롭다 함을 받습니까? 그것은 값없이 주시는 하나님의 전적인 은혜입니다. 우리가 사는 것이 아니라 은혜로 받는 것입니다. 그리스도의 은혜 때문에 우리가 의롭다 함을 받는 것입니다. 그리스도의 은혜는 우리를 의롭게 하는 공로적 근거가 되는 것이고, "그것을 어떻게 해서 받습니까?"라고 할 때 그 방식은 '믿음'입니다. 바로 이 두 가지 사실이 본문의 교훈입니다.

그런데 의롭다 함을 받고자 할 때 우리가 해야 할 것이 있습니다. 죄를 감추려 하면 안 됩니다. 죄를 감추려 해도 하나님이 그 죄를 낱낱이 드러내실 것이므로 "하나님의 심판을 피할 방법은 없을까?"라고 어리석게 생각하면 안 됩니다. 하나님의 시선은 모든 곳에 있습니다. 자신의 선행을 통해 죄의 형벌을 상쇄하려고 해도 소용없습니다. 우리의 선행은 본래부터 턱없이 부족한 것이고 더욱이 선행이라고 우리가 내놓는 것도 하나님이 보시기에는 선행이 아니요, 죗값을 치를 수 없는 불완전한 것입니다.

그러면 우리는 어떻게 해야 합니까? 죄를 자백하고 회개해야 합니다. 회개를 통해 하나님의 마음을 돌이켜 용서를 받으려는 것이 아닙니다. "잘못했습니다. 빌고 비오니 저를 불쌍히 여겨주시옵소서"

라고 하면서 완고한 하나님의 마음을 어떻게든 달래서 그분이 나를 좋게 보시도록 비위를 맞추는 회개가 아닙니다. 무당은 굿을 하면서 귀신을 달래지 않습니까? 그것은 무당이 귀신을 달래려고 하는 것과 다름없습니다.

하나님은 이미 그리스도 안에서 우리를 향하여 용서를 보이셨습니다. 우리는 그것을 믿음으로 받으며 회개합니다. 물론 우리의 회개는 완전하지 못합니다. 그러나 우리의 회개가 부족할지라도 주님은 그 회개를 받으십니다. 여러분, 완전하고 철저하게 회개해보셨습니까? 어느 날 깊은 회개를 한 적도 있을 것입니다. 그런데 그때의 회개가 여러분의 마음을 시원하게 할 만한 완전하고 철저한 회개입니까? 생각해보면 그 회개조차 온전하지 않다는 것을 알게 됩니다. 그러나 하나님은 우리가 믿음으로 그분 앞에 엎드릴 때 비록 온전하지 못하더라도 그 회개를 받으시고 그리스도의 은혜로 예수 그리스도를 믿음으로 붙드는 우리를 의롭게 하시는 것입니다. 이것이 복음의 은혜입니다. 그 사실을 마음에 깊이 새기고 감사로 주 앞에 나아가기를 주의 이름으로 축복합니다.

20. 할례와 칭의

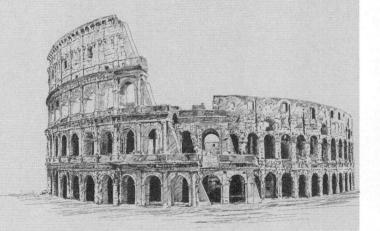

그런즉 이 복이 할례자에게냐 혹은 무할례자에게도냐. 무릇 우리가 말하기를 아브라함에게는 그 믿음이 의로 여겨졌다 하노라. 그런즉 그것이 어떻게 여겨졌느냐. 할례시냐 무할례시냐. 할례시가 아니요 무할례시니라. 그가 할례의 표를 받은 것은 무할례시에 믿음으로 된 의를 인친 것이니, 이는 무할례자로서 믿는 모든 자의 조상이 되어 그들도 의로 여기심을 얻게 하려 하심이라. 또한 할례자의 조상이 되었나니, 곧 할례 받을 자에게뿐 아니라 우리 조상 아브라함이 무할례시에 가졌던 믿음의 자취를 따르는 자들에게도 그러하니라. 로마서 4:9-12

유대인과 이방인 사이에 차별이 없음

로마서는 모두 중요하지만 특히 이 본문은 하나님 나라에서 구약의 언약 백성인 이스라엘과 이방인이 어떤 차별도 받지 않는다는 사실을 확정하는 구절로 매우 중요합니다. 하나님이 아브라함의 후손을 불러서 그분의 나라를 이루어 가셨던 구약 시대에는 아브라함의 후손과 이방인 사이에 모세 율법에 의한 분명한 구분이 있어야 했습니다. 그래서 주어진 일차적인 표시가 바로 '할례'입니다. 그로 인해 유대인과 이방인, 곧 하나님의 백성인 자와 어둠에 속한 자의 명확한 구분이 있었는데, 신약 시대 이후에는 "그 차별이 없다"고 말합니다.

그런데 그 차별이 없어진 것에 대한 신학적 근거가 도대체 무엇이고, 하나님이 행하시는 구원의 경륜에서 옛것은 무엇이고 새것은 무엇이냐는 질문에 대한 답이 절실해집니다. 그것에 대한 이해가 불분명하다면, 우리는 "오늘의 이스라엘과 유대인은 어떻게 볼 것이냐?"라는 질문에도 옳지 않은 답을 갖게 됩니다. "예수님이 이 땅에 오셔서 모든 사역을 이루시고 승천하신 후에 이방인인 우리와 유대인은 어떤 차이가 있는가? 하나님 나라에서 우리와 그들은 차이가 있는가? 있다면 어떠한 차이를 갖는가?"라는 질문을 다루고자 할 때, 본문은 중요한 답을 줍니다.

우선 본문 이전에 사도 바울이 어떤 내용을 논증했는지 살펴보겠습니다. 첫 번째로 로마서 3장 23절에서 이렇게 보편적인 선언을 합니다. "모든 사람이 죄를 범하였으매 하나님의 영광에 이르지 못하더니." 그리고 이어서 24절에서 사람이 의롭게 되는 것은 그리스도 예수 안에 있는 속량을 통해 하나님의 은혜로 값없이 얻는 길밖에 없다면서, 27절에서 행위가 아니라 믿음으로 의롭다 함을 얻는 것이니 사람은 자랑할 것이 없다고 합니다. 그리고 29-30절에 "하나님은 다만 유대인의 하나님이시냐 또한 이방인의 하나님은 아니시냐 진실로 이방인의 하나님도 되시느니라 할례자도 믿음으로 말미암아 또한 무할례자도 믿음으로 말미암아 의롭다 하실 하나님은 한 분이시니라"라는 말씀이 이어집니다. 30절은 사도 바울이 유대인의 무익을 말하는 구절입니다. 그래서 "어떻게 할례자나 무할례자나 모두 믿음으로 의롭다 함을 받는다고 말하는가? 그렇다면 할례의 유익은 도대체 무엇인가? 그러면 우리가 할례 받은 것은 아무 의미가 없단 말인가? 모든 사람이 할례 없이도 의롭다 함을 받는 것이 가능한가?"라는 질문이 나오게 됩니다. 그리고 그 질문에 대한 답을 4장부터 쭉 풀어가는 것입니다.

무할례자나 할례자나 믿음으로 말미암아 의롭다 함을 받는다는 말이 성립하려면 두 가지 문제를 풀어야 합니다. 하나는 "어떻게 행함이 아니고 믿음으로 의롭다 함을 받는다는 말인가?"라는 문제이고, 또 하나는 "그렇다면 할례는 의롭다 함을 받는 것과 아무 상관이 없는가? 그러면 할례 받은 자의 할례는 무슨 의미가 있는 것인가?"라는 문제입니다. 그런데 여기서 '할례'란 단순히 유대인과 이방인을 구별하는 표시로서 갖는 특별한 의미뿐만 아니라 훨씬 더 넓은 구원론과 관련한 의문을 제기합니다. 만일 "율법의 행함이 아닌 믿음으로 의롭다 함을 받는다면 할례는 도대체 무슨 의미가 있는가? 할례를 받는 것은 의롭다 함을 받는 일이 단지 믿음으로가 아니라 할례도 또한 행하여서 되는 일이라는 것을 말하지 않는가?"라는 질문을 한다고 할 때, "아! 할례는 받아야지"라고 답한다면 어떤 결과가 나타날까요? 그렇게 된다면 "그러면 어찌 할례만이 의롭다 함의 이유가 되겠는가? 모든 율법, 곧 하나님의 계명에 순종하는 것이 의롭다 함을 얻는 근거가 되지 않겠는가?"라는 질문으로 이어지게 됩니다.

즉 "할례가 의롭다 함을 받는 데 어떤 의미가 있는가?"라는 질문은 할례만의 문제가 아닙니다. 그 질문은 율법의 행위로 의롭다 함을 받지 못한다는 말에 대한 반론의 첫걸음인 것입니다. 그렇기 때문에 "유대인과 이방인 사이에 차별이 없다"는 말은 유대인과 이방인의 대표적인 차이가 할례에 있다는 사실을 고려하면서 한 말입니다. 이때 사도 바울이 말하는 초점은 단지 할례만이 아니라 "율법 행위로는 의롭다 함을 받는 것이 아니다"라는 것과 "할례를 받은 유대인의 특권적 지위로 의롭다 함을 받는 것이 아니다"라는 두 가지 사실을 말하고자 하는 것에 있습니다.

할례로는 의롭다 함을 받을 수 없다

유대인의 신학의 이치에 따르면, 할례란 하나님의 백성으로 받아들여지는 데 필수불가결한 것이었습니다. 즉 할례라는 의식은 그들이 하나님 앞에서 의롭다 함을 받는 근거이자, 그분의 백성으로 인정받기 위해 반드시 해야 할 예전이었던 것입니다. 그만큼 할례는 굉장히 중요했습니다. 그래서 예수 그리스도를 믿어서 구원을 받는다고 말해도 할례는 계속해야 한다는 주장을 이어가려고 했습니다. 유대인 중에 예수님을 믿는 사람들도 그러했습니다. 사도행전 15장 1절을 보겠습니다.

"어떤 사람들이 유대로부터 내려와서 형제들을 가르치되 너희가 모세의 법대로 할례를 받지 아니하면 능히 구원을 받지 못하리라 하니."

이것이 유대인 중 그리스도를 믿는 사람들의 생각입니다. 그들은 유대에서 소아시아 지역을 다니면서 이르기를 "모세의 법대로 할례를 받지 않으면 능히 구원을 받지 못한다"고 했습니다. 그러자 바울과 바나바는 그들의 주장에 동의하지 않았고 신학적인 논쟁이 벌어졌습니다. 결국 그들은 예루살렘에 있는 사도와 장로들에게 사람을 보내 "도대체 이러한 잘못된 신학을 전하는 유대에서 온 그리스도 형제라는 이들이 있는데 이들을 어떻게 다뤄야 합니까? 공적인 교회 권위로 결정해주시기 바랍니다"라고 말했고, 그 결과 예루살렘 총회가 열렸습니다. 사도행전 15장 4-5절을 보면 교회와 사도와 장로들이 그들을 영접하고, 어떻게 하나님이 이방인 가운데 역사하셔서 구원의 일을 베푸셨는지에 대한 설명을 듣습니다.

할례를 행하여야 한다는 주장은 율법을 다 행하여야 한다는 행함의 원리에서 이끌려 나오는 것입니다. 의롭다 함을 받기 위하여 할례를 행하여야 한다는 것과 의롭다 함을 받기 위하여 율법을 지켜야 한다는 것은 같이 연결되는 것입니다. "할례를 행하고 모세의 율법을 지키라 명함이 마땅하다. 예수를 믿으면 구원을 받는다. 그러나 예수를 믿고 구원을 받아도 하나님의 백성이면 할례를 받고 모세의 율법을 지키면서 그리스도인이 아닌 자들과 구분이 되어야 한다"라고 주장하는 것입니다. 그러니까 "할례란 표시의 차이를 갖자. 그것은 하나님이 우리에게 주신 그리스도인의 표시다"라고까지 연결하는 것입니다.

사도 바울은 이를 굉장히 심각하게 생각합니다. 왜냐하면 할례를 받지 않으면 구원을 받지 못한다는 말 자체가 율법의 행위가 의롭다 함을 받는 근거가 된다는 사실로 이어질 수 있기 때문입니다. 그래서 결코 "할례는 단지 의식법에 관한 문제일 뿐, 도덕법적 순종 문제는 아니다"라고 말할 수 없는 것입니다.

다시 로마서 내용을 보겠습니다. 로마서 3장 30절에 "할례자도 믿음으로 말미암아 또한 무할례자도 믿음으로 말미암아 의롭다 하실 하나님은 한 분이시니라"라고 나옵니다. 바울은 아브라함과 다윗이 믿음으로 의롭다 함을 받은 것이라는 말을 논증해도 여전히 할례와 칭의을 연결하고자 하는 바리새파 그리스도인들의 시도가 중단되지 않을 것을 알고 이런 말을 한 것입니다.

4장 9절은, 다윗이 시편 32편에서 노래한 '불법이 상함을 받은' 그 행복이 할례자에게 뿐만 아니라 무할례자에게도 주어진다고 말합니다. 3장 30절의 내용을 4장 9절 전반절에서 다시 한 번 강조합니다. 할례자나 무할례자나 모두 믿음으로 의롭다 함을 받는다고 말합니다. 다시 한 번 아브라함을 예로 들면서 할례가 의롭다 함을 받는데 아무런 조건이 될 수 없음을 주장합니다. 10절을 읽어보겠습니다.

"그런즉 그것이 어떻게 여겨졌느냐 할례시냐 무할례시냐 할례시가 아니요 무할례시니라."

아브라함이 믿음으로 의롭다 여겨졌을 때는 그가 할례 받기 전입니다. 이것은 역사적 사실로 창세기만 봐도 금방 알 수 있습니다. 아브라함이 할례를 받은 나이는 99세쯤이었습니다. 창세기 17장 24-25절을 보겠습니다.

"아브라함이 그의 포피를 벤 때는 구십구 세였고 그의 아들 이스마엘이 그의 포피를 벤 때는 십삼 세였더라."

창세기 17장은 참 중요한 장입니다. 하나님이 아브라함에게 "너의 몸에서 날 자요, 동시에 사라의 몸에서 날 자라야 네 후손이 될 것이다"라고 말씀하시며 그에게서 아들 이삭이 나올 것을 알려주십니다. 그리고 아브라함에게 그 언약에 대해 반복적으로 확인시켜주십니다. 17장 9절에 "하나님이 또 아브라함에게 이르시되 그런즉 너는 내 언약을 지키고 네 후손도 대대로 지키라"라고 나오고, 4-5절을 보면 "보라 내 언약이 너와 함께 있으니…아브람이라 하지 아니하고 아브라함이라 하리니"라고 말합니다. 이것이 그에게 하나님의 언약을 확인시켜주는 부분입니다. 그리고 9-11절을 읽어보겠습니다.

"하나님이 또 아브라함에게 이르시되 그런즉 너는 내 언약을 지키고 네 후손도 대대로 지키라 너희 중 남자는 다 할례를 받으라 이것이 나와 너희와 너희 후손 사이에 지킬 내 언약이니라 너희는 포피를 베어라 이것이 나와 너희 사이의 언약의 표징이니라."

할례는 이미 맺은 언약에 대한 표징으로 주신 것입니다. 그리고 아브라함이 할례를 행한 때는 99세쯤이었습니다. 따라서 아브라함이 언약의 표징인 할례를 행함으로써 의롭다 함을 받은 것이 아니라는 사실이 이해되는 것입니다.

그러면 "언제 아브라함이 의롭다 함을 받았는가?"라는 질문이 나올 수 있는데, 여기서 바울은 창세기 15장을 보자고 합니다. 창세기 15장 6절은 "아브람이 여호와를 믿으니 여호와께서 이를 그의 의로 여기시고"라고 말합니다. 그러므로 "아브라함이 의롭다 함을 받았을 때가 할례시냐, 무할례시냐?"라는 질문의 답은 당연히 '무할례시'입니다.

할례는 무엇을 가리키는가

하갈과 아브라함 사이에서 이스마엘이 태어났습니다. 17장에서 이스마엘이 포피를 벤 때가 그의 나이 13세라고 했습니다. 그러니까 아브라함이 할례를 받은 사건과 그가 믿음으로 의롭다 함을 받은 사건 사이에는 최소한 몇 년 이상의 간격이 있는 것입니까? 14년입니다. 할례를 받기 무려 14년 전에 아브라함이 믿음으로 의롭다 함을 받은 것입니다. 아브라함이 의롭다 함을 받는 데 할례는 아무 소용이 없었습니다. 그러면 "도대체 할례는 무엇이냐"는 말이 나올 수 있는데, 그에 대한 답으로 창세기 17장은 "나와 너희 사이의 언약의 표징이니라"라고 했습니다. 로마서 4장 11절에서는 이렇게 설명합니다.

"그가 할례의 표를 받은 것은 무할례시에 믿음으로 된 의를 인친 것이니"(11a절).

'인쳤다'는 말은 첫 번째, 하나님의 은혜의 표징으로 믿음의 내용을 표시해줍니다. 인을 치는 것은 도장을 찍는 것입니다. 예를 들어 집에서 키우는 가축에 도장을 찍으면, 그것은 우리 집 가축이라는 표시입니다. 두 번째는, 그 믿음의 내용이 확실하게 이루어질 것을 보증해주는 역할을 합니다. 그것이 '인쳤다'는 할례의 기능입니다.

그러면 할례는 무엇을 보증하고 무엇을 표시해줍니까? 그것은 창세기 17장을 보면 알 수 있습니다. 하나님과 아브라함 사이에 맺은 언약의 내용은 아브라함의 후손이 하늘의 별처럼 많아질 것인데, 그것은 아브라함의 몸에서 난 씨, 곧 약속의 자녀를 통해서 이루어지니까 약속의 자손, 곧 예수 그리스도를 바라보라고 합니다. 그분을 바라보며 믿는 사람을 의롭다 하신다고 확실하게 선언하십니다. 그리고 그것이 실제로 보증되고 있음을 나타낸 것이 할례입니다. 즉 하나님이 그분의 약속은 변치 않는다고 드러내시는 것이 할례란 말입니다. 믿음의 의를 인치며 보증하는 할례는 이미 있는 믿음의 의를 표시하고 보증해줍니다. 결국 믿음으로 의롭다 함을 얻는 것이지, 할례는 그 자체를 표시하는 것일 뿐입니다.

그러면 할례라는 형식은 어떤 영적 교훈을 줍니까? 첫 번째로 창세기 17장 7-8절을 보겠습니다.

"내가 내 언약을 나와 너 및 네 대대 후손 사이에 세워서 영원한 언약을 삼고 너와 네 후손의 하나님이 되리라 내가 너와 네 후손에게 네가 거류하는 이 땅 곧 가나안 온 땅을 주어 영원한 기업이 되게 하고 나는 그들의 하나님이 되리라."

7절과 8절은 모두 언약의 핵심을 "내가 너의 하나님이다"라는 말에 둡니다. 즉 창세기 17장에 나와 있는 이 내용을 비춰볼 때, 할례가 가리키는 영적인 사실은 하나님과 우리 사이가 화목하게 되었다는 것입니다. "하나님은 아담과 하와의 타락 이후로 비참한 현실 가운데 사는 죄인 된 우리와 화목해지는 은혜의 역사를 베푸셨다. 그것은 믿음으로 의롭다 함을 받은 자에게 주신다"라는 하나님과 우리의 객관적 화목 사건을 할례가 표시해주고 보증해주는 것입니다.

아이가 할례를 행하면서 "아빠, 이 할례를 왜 하는 거예요?"라고 물어보면 대답은 바로 이것입니다. "할례는 하나님과 우리가 맺은 언약의 표시란다. 이 언약을 통해서 하나님은 우리의 하나님이 되시고, 우리는 그분의 백성이 된단다. 하나님과 우리 사이는 죄로 막히고 죄로 인해 심판을 받아서 영원한 저주 가운데 있는 저 이방인과 같지 않단다. 하나님이 우리를 택하셔서 자기 자녀로 삼으셨으니 하나님과 우리 사이에는 화목이 이루어졌단다. 그것을 나타내 보이시고 보증하신 것이 바로 이 할례야." 하나님이 언약의 표증으로 할례를 행하라 명하셨으매 우리가 그 은혜를 입어 이것을 행한다는 것이 첫 번째 가르침의 내용입니다.

두 번째로 창세기 17장 1-2절을 보겠습니다.

"아브람이 구십구 세 때에 여호와께서 아브람에게 나타나서 그에게 이르시되 나는 전능한 하나님이라 너는 내 앞에서 행하여 완전하라 내가 내 언약을 나와 너 사이에 두어 너를 크게 번성하게 하리라 하시니.”

1절의 “너는 내 앞에서 행하여 완전하라”는 말은 하나님의 계명과 율례 앞에 온전히 순종하며 거룩함을 이루어갈 것에 대한 요구입니다. 이것은 우리에게는 계명의 순종이요 동시에 하나님 앞에 절대순종을 나타냅니다. 그에 대한 영적 특성이 바로 뒤에 나오는 아브라함이 이삭을 제물로 바치는 사건을 통해 그대로 드러나는 것입니다. 창세기 22장에서 아브라함이 이삭을 제물로 바치자 하나님은 “내가 나를 가리켜 맹세하노니 네가 이같이 행하여 네 아들 네 독자도 아끼지 아니하였은즉 내가 네게 큰 복을 주고 네 씨가 크게 번성하여 하늘의 별과 같고 바닷가의 모래와 같게 하리니 네 씨가 그 대적의 성문을 차지하리라 또 네 씨로 말미암아 천하 만민이 복을 받으리니 이는 네가 나의 말을 준행하였음이니라”(16-18절)라고 말씀하십니다. 복에 대한 이러한 선언은 창세기 17장 2절 말씀과 같습니다. “내가 내언약을 나와 너 사이에 두어 너를 크게 번성하게 하리라.”

한편 창세기 22장 16절에서 “네 독자도 아끼지 아니하였으니”라는 말씀은 17장 1절에서 “너는 내 앞에서 행하여 완전하라”는 말씀에 대응합니다. 그리고 창세기 22장 12절은 그 의미를 풀어주며 “이제야 네가 하나님을 경외하는 줄을 아노라”라고 말합니다. 결국 거룩함은 하나님을 경외하는 것입니다. 그분이 행하신 일을 옳다 하는 것이요, 그분의 지혜와 능력 앞에 겸손히 무릎 꿇는 것이요, 그분의 섭리에 범사에 감사하는 것입니다. 그런 자는 자기의 생각으로 이치와 손익을 따져보고 "하나님, 이것은 손해인데 어떻게 이러실 수 있습니까?"라고 말할 수 없습니다. 아브라함의 믿음 속에는 하나님을 향한 절대적 신뢰와 그분의 능력과 지혜에 대한 전적인 순복이 있었습니다. 그래서 고난과 환난과 어려움이 있더라도 그것이 자기에게 선이 될 줄 알고 주의 일하심을 믿은 것입니다. 그 믿음은, 하나님이 이삭을 제물로 바치는 아브라함의 순종을 보시고 "이제 네가 나를 경외하는 줄 알았다"라고 말씀하신 것과 같습니다.

"내 앞에서 행하여 완전하라"는 말씀은 하나님의 뜻을 이루라는 말입니다. 즉, 부패한 본성에 따른 죄의 마음을 찢어버리라는 것입니다. 우리는 거룩함을 떠올리며 도덕적으로 선한 것을 생각합니다. 그런데 거룩함은 그것뿐 아니라, 도덕적으로 별문제가 없어도 하나님의 뜻에 어긋나지 않게 하려고 하는 것 자체를 뜻합니다. 이것이 거룩함의 의미에 속합니다. 이는 성화의 한 부분입니다. 성화의 원리는 "하나님은 옳고 지혜롭고 신실하며 선하신 분으로 나를 다루어 가신다"라는 사실 앞에 자기의 생각이나 주장과 상관없이 하나님이 항상 옳다고 인정하고, 범사에 감사하며, 하나님이 자기를 이끌어 가시도록 맡기고 기도하는 것입니다.

창세기 17장과 22장에는 하나님이 의롭다 하신 그 믿음의 성질을 보여주는 증거들이 나타납니다. 그리고 할례에는 "우리의 부패한 마음과 육에 따라 살아가는 정욕을 버리고 하나님 앞에 새로운 영적 할례, 곧 마음의 할례를 받은 자로 나오라"는 부르심이 담겨 있습니다. 즉 하나님의 구원의 언약은 우리의 죄를 사하시고 우리를 새 사람으로 빚어가시는 것입니다. 그래서 신명기 10장에 이 말씀이 나옵니다. 15-16절을 보겠습니다.

"여호와께서 오직 네 조상들을 기뻐하시고 그들을 사랑하사 그들의 후손인 너희를 만민 중에서 택하셨음이 오늘과 같으니라 그러므로 너희는 마음에 할례를 행하고 다시는 목을 곧게 하지 말라."

택하심은 전적인 주의 은혜이고, 마음의 할례 또한 사람의 힘으로 행하는 것이 아닙니다. 우리는 하나님의 은혜를 구하고 그 은혜를 받아 누리는 것입니다. 즉, 소망과 간구를 통해 우리에게 은혜가 주어집니다. 신명기 30장 6절에는 "네 하나님 여호와께서 네 마음과 네 자손의 마음에 할례를 베푸사 너로 마음을 다하며 뜻을 다하여 네 하나님 여호와를 사랑하게 하사 너로 생명을 얻게 하실 것이며"라는 말이 나옵니다. 즉, 하나님은 어떤 사람의 마음에 할례를 베풀어 그가 마음과 뜻을 다하여 하나님을 사랑하게 하신다고 합니다. 이것은 창세기 17장의 "내 앞에서 행하여 완전하라"와 창세기 22장의 "경외하는 줄을 아노라"와 의미가 통하며, 바로 마음의 할례와 연결되는 것입니다. 창세기 17장에서 할례를 베푸는 의미는 이중적입니다. 즉, 하나님과 화목해졌다는 표시이자 보증이면서, 그 화목케 되는 은혜를 입은 우리가 하나님을 진실로 사랑하여 정욕을 버리고 새로운 삶을 살아가야 한다는 의미가 있는 것입니다.

따라서 할례는 놀라운 하나님의 구원하시는 은혜의 내용을 가리킵니다. "내가 어떤 은혜를 받았지? 이게 무엇을 뜻하는 거지?"에 대한 답이 여기에 있습니다. 첫째, 하나님과 우리가 화목케 되었습니다. 둘째, 그 은혜를 입은 우리는 새 생명으로 살아가야 합니다. 이 두 가지를 뜻하고 가리키는 사실이 하나님의 영원한 언약입니다. 어떤 후손이 "하나님이 정말 우리를 의롭다 하시나요?"라고 물었을 때, "그렇단다. 할례가 그 사실의 보증이란다"라고 말할 수 있는 것입니다.

차별이 없음

그러면 "왜 하나님은 아브라함의 믿음을 보시고 의롭다 하실 때에 할례를 베풀지 않으셨을까? 아니면 그보다 먼저 아브라함을 부르실 때 왜 할례를 베풀지 않으셨을까? 왜 아브라함을 의롭다 하시고 14년이 지나고 나서야 할례를 명하셨을까?"라는 의문이 듭니다. 이 의문에 대해 성경 말씀은 "원래 의롭다 함을 받는 일이 할례와 아무런 상관없음을 보이시기 위해, 이방인들도 믿음으로 의롭다 함을 받는다는 사실을 드러내시기 위해 일부러 그렇게 하신 것이다"라고 설명합니다. 그렇게 되면 한 가지 결론을 얻게 됩니다. 아브라함이 무할례시에 믿음으로 의롭다 함을 받았으니 할례를 받지 않은 이방인들도 아브라함을 따라 의롭다 함을 받게 된다는 것입니다.

12절을 보겠습니다.

"또한 할례자의 조상이 되었나니 곧 할례 받을 자에게뿐 아니라 우리 조상 아브라함이 무할례시에 가졌던 믿음의 자취를 따르는 자들에게도 그러하니라"(12절).

그런데 이 구절을 우리말 번역으로 보면 그 의미가 조금 불분명합니다. "할례자의 조상이 되었나니"라는 말은 첫째로 "할례 받을 자에게뿐 아니라"라고 하였으니 할례 받을 자의 조상이라는 말이 됩니다. 둘째로 "우리 조상 아브라함이 무할례시에 가졌던 믿음의 자취를 따르는 자들에게도"라고 하였으니 무할례자인 믿는 이방인들의 조상이라는 말이 됩니다. 11절의 내용은 12절 하반절에 반복해서 나옵니다. 그러면 아브라함은 한편으로는 할례를 받은 또는 받을 자의 조상으로서 유대인의 조상이며, 다른 한편으로는 믿는 이방인의 조상이 됩니다.

그러나 헬라어 원문은 그렇게 말하지 않습니다. "할례 받을 자에게뿐 아니라"와 그 다음 "우리 조상 아브라함이 무할례시에 가졌던 믿음의 자취를 따르는 자들에게도"는 두 부류가 아닌 한 부류를 가리킨다고 아주 분명하게 말합니다. 즉, 아브라함이 '할례 받을 자이면서 동시에 아브라함이 무할례시에 가졌던 그 믿음을 따라가는 자'에게 믿음의 조상이라고 말합니다. 이 말은 '할례 받은 유대인들 가운데서 아브라함과 같은 믿음을 가진 자'를 뜻하는 것입니다.

사도행전 15장을 보겠습니다. 예루살렘 총회에서 "이방인이 할례를 받아도 되는가?"라는 질문이 나왔습니다. 5절을 보겠습니다.

"바리새파 중에 어떤 믿는 사람들이 일어나 말하되 이방인에게 할례를 행하고 모세의 율법을 지키라 명하는 것이 마땅하다 하니라."

이에 사도는 어떻게 결론을 내렸을까요? 그에 대한 토론이 바로 로마서 4장의 내용입니다. 사도행전 15장 7-9절을 보겠습니다.

"많은 변론이 있은 후에 베드로가 일어나 말하되 형제들아 너희도 알거니와 하나님이 이방인들로 내 입에서 복음의 말씀을 들어 믿게 하시려고 오래 전부터 너희 가운데서 나를 택하시고 또 마음을 아시는 하나님이 우리에게와 같이 그들에게도 성령을 주어 증언하시고 믿음으로 그들의 마음을 깨끗이 하사 그들이나 우리나 차별하지 아니하셨느니라."

베드로는 '차별이 없다'고 선언합니다. 그리고 계속해서 10-11절에서 이렇게 말합니다.

"그런데 지금 너희가 어찌하여 하나님을 시험하여 우리 조상과 우리도 능히 메지 못하던 멍에를 제자들의 목에 두려느냐 그러나 우리는 그들이 우리와 동일하게 주 예수의 은혜로 구원 받는 줄을 믿노라 하니라."

그러나 그럼에도 베드로가 다 풀어주지 못한 것이 있습니다. 그들이 "우리와 이방인들은 예수 그리스도의 은혜로 구원받습니다. 그러나 그들도 우리와 똑같이 모세의 율법을 지켜야 합니다."라고 주장하는 것입니다. 그래서 16절에서 야고보가 아모스서를 인용하면서 이렇게 말합니다.

"이 후에 내가 돌아와서 다윗의 무너진 장막을 다시 지으며 또 그 허물어진 것을 다시 지어 일으키리니."

이 말씀은 이스라엘의 회복을 의미합니다. 다윗의 무너진 장막을 다시 짓는다는 것은 교회가 다시 세워지는 것을 뜻합니다. 17절은 "이는 그 남은 사람들과 내 이름으로 일컬음을 받는 모든 이방인들로 주를 찾게 하려 함이라 하셨으니"라고 말합니다. 여기서 "내 이름으로 일컬음을 받는 모든 이방인들"은 아브라함의 믿음을 좇아 믿는 이방인들을 가리킵니다. 그렇다면 "그 남은 사람들"은 누구를 가리킵니까? 그들은 바로 로마서 4장 12절에 나오는 사람들입니다. 즉, 할례 받을 자이면서 동시에 아브라함의 믿음의 자취를 따라가는 자입니다. 그 '남은 자' 속에 베드로가 있고, 야고보가 있고, 예루살렘 총회 당시 유대 그리스도인들이 있는 것입니다.

19-20절에서 야고보는 "그러므로 내 의견에는 이방인 중에서 하나님께로 돌아오는 자들을 괴롭게 하지 말고 다만 우상의 더러운 것과 음행과 목매어 죽인 것과 피를 멀리하라고 편지하는 것이 옳으니"라고 말하면서, 할례를 비롯한 모든 율법의 행위적 의무를 면하게 해줍니다. 그것이 옳다는 것입니다. 예루살렘 총회에서 로마서 4장에 나오는 사도 바울의 모든 논증이 확증되었습니다. 교회 결정의 최종

적 권위를 가졌던 예루살렘 총회에서 이방인과 유대인의 구별의 장막이 무너진 것입니다. 이것이 바로 신약 교회의 시작입니다. 이 사실을 담아 로마서 4장은 신학적 논증을 통해 이방인과 유대인 사이에 있었던 담이 완전히 무너졌음을 밝혀줍니다. 그래서 우리도 아브라함의 후손이 된 것이고, 할례의 요구 없이 그리스도 안에 있게 된 것이며, 모세의 율법을 지켜서 의롭다 함을 받는 것이 아니라 예수 그리스도를 믿음으로 의롭다 함을 받는 놀라운 은혜의 자리에 초대받게 된 것입니다.

당시의 논증은 "바울을 죽여야 하는가, 살려야 하는가"라며 다툼이 일어나게 한 아주 핵심적인 이슈였습니다. 그러므로 여러분은 지금 우리의 믿음이 얼마나 놀라운 은혜 가운데 주어진 것인지를 생각하며 하나님 앞에 감사하시기 바랍니다.

21. 율법의 행위와 칭의

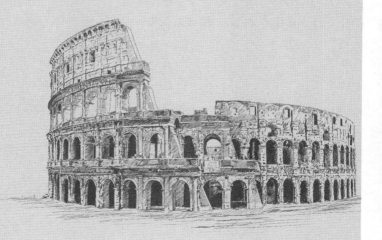

아브라함이나 그 후손에게 세상의 상속자가 되리라고 하신 언약은 율법으로 말미암은 것이 아니요 오직 믿음의 의로 말미암은 것이니라. 만일 율법에 속한 자들이 상속자이면 믿음은 헛것이 되고 약속은 파기되었느니라. 율법은 진노를 이루게 하나니 율법이 없는 곳에는 범법도 없느니라. 그러므로 상속자가 되는 그것이 은혜에 속하기 위하여 믿음으로 되나니 이는 그 약속을 그 모든 후손에게 굳게 하려 하심이라. 율법에 속한 자에게뿐만 아니라 아브라함의 믿음에 속한 자에게도 그러하니 아브라함은 우리 모든 사람의 조상이라. 기록된 바 내가 너를 많은 민족의 조상으로 세웠다 하심과 같으니 그가 믿은 바 하나님은 죽은 자를 살리시며 없는 것을 있는 것으로 부르시는 이시니라. 로마서 4:13-17

하나님의 은혜와 복음을 오해하지 말라

사람들은 자꾸 하나님 앞에서 의롭다 함을 받기 위해서는 무언가를 해야 된다고 생각합니다. 실제로 성경을 알지 못하는 일반적인 종교인들은 무언가를 근거로 의롭다는 판단을 받는다는 생각을 갖고 그 원리에 따라 옳고 그름을 구분하고 가려내게 됩니다. 기독교에서조차 성경에 담겨 있는 하나님의 전적인 은혜의 용서와 죄 사함의 원리를 바르게 깨닫지 못한 채 사람이 의롭다 함을 받으려면 하나님의 율법 앞에서 무언가 행한 바가 있어야 한다는 고집을 꺾지 않습니다. 구약에 나오는 이스라엘의 많은 사람들이 그러했고, 신약에서도 예수 그리스도께서 이 땅에 오셨을 때 그분을 핍박한 사람들과 예수 그리스도의 교회를 세운 사도들을 핍박하고 내쫓던 유대인들이 바로 그런 자들입니다.

그러나 구약의 모든 성도가 그런 것은 아닙니다. 히브리서 11장에 나오는 믿음의 선진들은 다 하나님의 은혜로 주어지는 하늘 본향을 사모하며 살았고, 그런 오해를 하지 않았습니다. 하지만 잘못된 전통을 따르던 일부 사람들은 "우리가 하나님 앞에서 얼마나 열과 성을 다하는가? 그것에 근거해서 하나님이 우리를 의롭게 해주셔야 되지 않겠는가? 하나님이 빚진 자처럼 무언가를 해주셔야 할 것이다."라는 생각을 놓지 않습니다. 결국 구약을 잘못 이해한 사람들이 하나님의 은혜와 복음을 단단히 오해한 것입니다.

무언가를 해야 의롭다 함을 받는다는 생각에는 문제가 있습니다. 첫째, 자기 자신에 대해 잘못 알고 있는 우리 편에서의 문제가 있습니다. 세상의 모든 법정은 재판을 할 때 법에 따라 형벌을 내립니다. 하나님은 우리가 그분 앞에 섰을 때 율법으로 우리가 의로운지, 아닌지를 판단하십니다. 그런데 그때 많은 사람들은 "과연 내가 의롭다 함을 받을 만한 선행을 내세울 수 있겠는가?"라는 문제에 대해서 뿌리 깊은 오해와 착각으로 인하여 선행의 공로에 대한 고집을 놓지 않습니다. 로마서 3장 이하에서 쭉 살펴본 것은 "우리는 율법 앞에서 의롭다 함을 받을 만한 행함의 의를 도무지 내놓을 수 없다. 그러므로 우리가 사람들이 보기에는 조금 괜찮은 사람이라고 자부하며 양심에 따라 살려고 노력했을지라도, 실제로 재판장이신 하나님 앞에서는 율법에 비추어 우리의 허물과 더러움이 드러날 수밖에 없다."는 사실입니다. 그것을 온전히 보지 못하면 하나님의 율법을 잘못 보고 있는 것입니다.

둘째, 이것은 마치 인간이 하나님의 율법을 좀 지켰다고 해서 하나님께 대하여 말하기를 "하나님은 우리를 의롭게 하셔야 할 책임이 있습니다"라고 주장하는 것과 같은 문제입니다. 하나님 편에서 보면 이것은 하나님의 공의를 모르는 심각한 문제입니다. 하나님이 자기들을 의롭다 하셔야 한다는 주장은 공로에 기초한 권리를 말하는 것인데, 이러한 주장은 하나님 편에서 보면 하나님을 빚진 자로 만들어 버립니다. 그런데 이러한 주장이 옳을까요? 만일 그렇다면 "내가 하나님 앞에서 무엇을 잘못했다고 하나님이 내게 이렇게 대하시는가?"라는 반발이 나오게 되고, 하나님의 절대 주권과 선하심을 자신의 생각으로 판단하는 신앙적 오류가 정당성을 주장하게 됩니다. 구원론적 측면에서 나의 선행을 근거로 의롭다 함을 받는다는 것을 넘어서서, 하나님을 믿는 모든 신앙의 양상 속에 내가 하나님을 어떻게 대하고 하나님께 무엇을 행했는가에 따라 하나님은 나를 선대하고 이끌어주실 책임이 있다는 식의 원리로 계속 이어지게 됩니다. 이는 하나님과 그분의 은혜를 믿기보다는, 하나님을 향한 우리의 열심 때문에 하나님이 우리에게 무언가를 해주셔야 한다는 터무니없는 주장을 하는 것입니다. 처음에는 하나님이 능력과 주권과 결정을 갖고 계시니 하나님 마음에 들기 위해서 우리가 무언가를 하려 하고 하나님이 우리의 주인이신 것 같은데, 우리가 무언가를 해냈다는 마음이 드는 순간에는 그것에 대해 권리 주장을 하면서 하나님이 우리에게 빚진 자로 바뀝니다. 그러면 하나님이 우리의 왕이 아니게 되고, 자기 자신이 왕이 됩니다. 그것이 바로 나의 의요, 나의 옳음을 증거하는 것이 되는 것입니다. 모든 종교가 이런 원리를 갖고 있습니다.

얼핏 생각하기에는 그렇게 의롭다 함을 받는 것이 매우 정상적이고 공의로운 것 같지만, 뒤집어 보면 왕이신 하나님은 사라지고 자신이 결정권을 가지게 됩니다. 인간이 하나님보다 위에 있게 되기 때문입니다. 성경은 그런 관계를 가리켜서 '죄'라고 합니다. "내가 의로우니 하나님은 나를 의롭다고 하셔야 한다"라고 주장하는 순간, 그것은 죄가 됩니다. "하나님이 나를 의롭다 하지 않으면 하나님은 나쁜 분이다"라고 말하는 것은 죄입니다. 우리가 어떻게 하나님이 우리를 향하여 판단하시는 모든 일에 제한을 둘 수 있겠습니까? 하나님이 약속하신 것 외에는 우리가 하나님께 제한을 두거나 하나님께 대꾸할 근거나 권위나 위치가 아무것도 없습니다. 그런데 자기가 임의로 구원관을 만들고 하나님을 어떤 분이라 그려놓은 채, 자기 신앙 안에서 하나님을 비난하고 그분께 불평불만하는 것은 성경의 원리에 비추어 보면 결국 다 잘못된 신앙의 모습이요 죄입니다.

성경은 그와 같은 모든 오류에서 우리에게 바른 신앙관을 가르쳐 줍니다. 특별히 로마서는 구원에 관한 문제를 다루면서 동시에 "하나님을 믿는 신앙은 무엇인가?"라는 원리를 풀어줍니다. 의롭다 함을 받는 것은 전적인 하나님의 은혜입니다. 하나님 앞에서 율법을 지켜나가는 그 행위는 우리가 의롭다 함을 받는 데 조금도 긍정적인 역할을 하지 못합니다.

본문 이전까지 그 이야기를 반복했습니다. 4장 2절에 "만일 아브라함이 행위로써 의롭다 하심을 받았으면 자랑할 것이 있으려니와 하나님 앞에서는 없느니라"라고 나옵니다. 자랑할 것이 있다는 말은 하나님 앞에서 자기의 공로와 권리를 주장할 수 있고, 하나님이 빚진 자가 된다는 말입니다. 그런데 본문은 그런 것이 "없느니라"라고 말합니다. 왜냐하면 성경에 분명히 "아브라함이 하나님을 믿으매 그것이 그에게 의로 여겨졌다"고 나와 있기 때문입니다. 값없이 주시는 은혜를 아브라함도 받았고 다윗도 받았다고 합니다. 이어서 7-8절에 "불법이 사함을 받고 죄가 가리어짐을 받는 사람들은 복이 있고 주께서 그 죄를 인정하지 아니하실 사람은 복이 있도다 함과 같으니라"라고 나옵니다. 이것은 전적인 죄 사함의 은혜를 말하는 것이고, "할례자나 무할례자나 상관없이 이미 그 전에 주어진 것이라. 아브라함이 의롭다 함을 받은 믿음은 할례와 상관없이 주어진 것이라"라는 것입니다.

그러면 "믿음으로 의롭다 함을 받는 것이 전적인 은혜라고 했는데, 도대체 무엇을 근거로 우리가 믿음으로 의롭다 함을 받는 것인가? 믿음으로 의롭다 함을 받는 것이 율법의 행위의 공로에 기반을 둔 것이 아니라면 도대체 무엇에 기반을 둔 것인가? 어떤 근거로 우리가 의롭다 함을 받는다는 것인가?"라고 물어볼 때, 그 답은 '하나님의 전적인 긍휼하심의 은혜'입니다. 그러므로 하나님이 우리를 용서하시는 긍휼과 자비와 선하심 외에는 어떤 것도 우리가 의롭다 함을 받을 수 있는 공로적 근거가 안 됩니다.

하나님의 놀라운 약속

본문의 내용은 하나님의 전적인 긍휼과 자비가 왜 믿음으로 의롭다 함을 받는 근거가 되는지를 풀어서 설명해줍니다. 13절 말씀을 읽어 보겠습니다.

"아브라함이나 그 후손에게 세상의 상속자가 되리라고 하신 언약은 율법 으로 말미암은 것이 아니요 오직 믿음의 의로 말미암은 것이니라"(13절).

아브라함이나 그 후손에게 세상의 상속자가 되리라고 하신 언약 은 앞서 본문 3절의 내용과 연결됩니다. 창세기 15장 4-5절을 한번 보겠습니다.

"여호와의 말씀이 그에게 임하여 이르시되 그 사람이 네 상속자가 아니라 네 몸에서 날 자가 네 상속자가 되리라 하시고 그를 이끌고 밖으로 나가 이르시되 하늘을 우러러 뭇별을 셀 수 있나 보라 또 그에게 이르시되 네 자손이 이와 같으리라."

여기서 하나님은 아브라함에게 상속자를 주겠다고 약속하십니 다. 그런데 이 약속은 그를 의로 여기신 일과 맞물려 있습니다. 6절의 "여호와를 믿으니"는 '여호와의 약속을 믿으니'입니다. 그리고 그 약 속은 '약속의 후사를 주실 것'에 대한 약속입니다. 약속의 후사는 이삭인데, 사실 이삭은 뒤에 오실 예수 그리스도의 모형입니다. 예수 그리스도를 믿는 것과 의롭다 함을 받는 것이 이렇게 연결됩니다. 계속해서 7절을 보겠습니다.

"또 그에게 이르시되 나는 이 땅을 네게 주어 소유를 삼게 하려고 너를 갈대아인의 우르에서 이끌어 낸 여호와니라."

여기서 또 약속이 주어지는데, 이것은 땅의 약속입니다. 따라서 하나님이 아브라함에게 믿음으로 의롭다 하신 그때, 두 가지 약속을 주셨는데 하나는 후사이자 상속자의 약속이요, 또 하나는 땅의 약속입니다. 후사와 관련한 하나님의 약속을 살피면 그 후사는 물론 이삭으로 실현됩니다. 그러나 그것은 또한 궁극적으로 이삭을 통해 이루어질 참된 실체의 원형인 예수 그리스도를 가리킵니다. 이 사실을 갈라디아서 3장 16장에서 사도 바울은 이렇게 풀어냅니다.

"이 약속들은 아브라함과 그 자손에게 말씀하신 것인데 여럿을 가리켜 그 자손들이라 하지 아니하시고 오직 한 사람을 가리켜 네 자손이라 하셨으니 곧 그리스도라."

여기에는 사도 바울의 논증이 있습니다. 바울은 성경이 "아브라함의 자손에게 이 약속을 주셨다"고 말할 때, 자손을 '아브라함의 자손들에게'라고 복수로 쓰지 않고 '자손'이라고 단수로 쓴 것은 약속된 한 분이 오실 것을 염두에 둔 것이고, 그분은 바로 모형인 이삭의 원형인 '예수 그리스도'를 가리킨 것이라고 설명합니다. 그런데 갈라디아서 3장 29절 말씀을 이어서 보면 "너희가 그리스도의 것이면 곧 아브라함의 자손이요 약속대로 유업을 이을 자니라"라고 나옵니다. 여기서 자손의 개념이 확장됩니다. "너희가 그리스도의 것이면 곧 아브라함의 자손이요"에는 복수 개념이 들어갑니다. 여기 나오는 "아브라함의 자손"에는 우리가 포함됩니다. 그 자손이 단수로는 예수 그리스도를 가리키면서 복수로는 우리를 가리키니 우리가 그리스도 안에 있음으로 인하여 아브라함의 자손에 속하게 되는 것입니다. 그리고 아브라함도 그 자손으로 말미암아 그리스도 안에 속하게 됩니다. 즉, 아브라함은 예수 그리스도 안에 우리와 함께 속해 있으면서 "그리스도 안에 속해 있다는 것의 원리가 무엇인가"를 가장 대표적으로 보여주는 사람으로 믿음의 조상이 된 것입니다. 그리고 그 믿음을 따라 우리가 아브라함의 자손이라 일컬음을 받는데, 그 아브라함의 자손은 아브라함의 자손의 원형인 그리스도로 말미암아 모두 그리스도에게 속함으로 구원을 받게 되니 거기에 아브라함도 속하게 됩니다.

본문 13절에 따르면 "상속자"란 결국 그리스도요 그리스도 안에 속한 모든 자요 믿음으로 말미암아 아브라함에 속한 자입니다. 동시에 "세상의 상속자"가 될 것을 약속합니다. 그렇다면 "세상의 상속자"의 '세상'은 도대체 무엇을 가리키며 우리가 물려받을 것은 무엇입니까? 그에 대한 답은 하나님의 약속에 담겨 있는 두 번째 내용, 곧 '땅'입니다. 앞서 창세기 15장 7절에서 "그 땅을 네게 주리라"라고 하지 않았습니까? 그리고 18-21절은 그 땅의 구체적인 경계까지 알려줍니다.

"그 날에 여호와께서 아브람과 더불어 언약을 세워 이르시되 내가 이 땅을 애굽 강에서부터 그 큰 강 유브라데까지 네 자손에게 주노니 곧 겐 족속과 그니스 족속과 갓몬 족속과 헷 족속과 브리스 족속과 르바 족속과 아모리 족속과 가나안 족속과 기르가스 족속과 여부스 족속의 땅이니라 하셨더라."

구체적인 경계를 지정해주면서 가나안 땅 일대가 하나님이 아브람에게 약속한 땅임을 설명합니다. 그런데 가나안 땅은 원형이 아니라 모형입니다. 즉, 아브라함에게 주신 축복의 언약은 지상에 있는 땅으로 끝나는 것이 아닙니다. 그 땅이 가리키는 원형은 하늘 본향입니다. 이 사실은 히브리서에 잘 나와 있습니다. 히브리서 1장 1-2절에는 예수 그리스도에 관한 놀라운 설명이 나옵니다.

"옛적에 선지자들을 통하여 여러 부분과 여러 모양으로 우리 조상들에게 말씀하신 하나님이 이 모든 날 마지막에는 아들을 통하여 우리에게 말씀하셨으니 이 아들을 만유의 상속자로 세우시고 또 그로 말미암아 모든 세계를 지으셨느니라."

즉 하나님이 예수 그리스도를 만유의 상속자, 만유의 후사로 세우셨다는 말입니다. 만유는 온 세상입니다. 온 세상을 마땅히 자신의 것으로 소유할 그분을 세우신 것입니다. 그분은 만유의 주요, 참된 주인이십니다. 본래 창조주이신 하나님이 아들을 통하여 이 땅에 구원사역을 이루어 마지막 날에 온 만유를 자신의 것으로 받으시는 것입니다. 그리고 그때 그분이 누리는 만유, 온 세상이 본문 13절의 "세상의 상속자"에 나오는 '세상'과 같은 것입니다. 만유의 상속자이신 예수 그리스도께서 우리도 그것을 받아 누리도록 우리를 불러내십니다.

그래서 아브라함과 그 후손에게 약속하신 복은 첫 번째로 그리스도에게 속함으로 구원받는 자가 되는 것이고, 두 번째는 우리도 예수 그리스도께서 누리시는 만유의 상속자로 서게 된다는 것입니다. 그리스도 안에 있음으로 우리는 그리스도의 왕권적 통치에 함께 참여하는 자가 됩니다. 그래서 우리는 (구원받은 후에) 만유의 상속자로 그리스도에게 붙어 있다는 말이, 상을 받는 것에 따라 천국에서 누리는 소유에 차이가 난다는 식의 개념이 아니라는 것을 이해해야 합니다. 그것은 그리스도의 왕권적 통치에 우리가 함께 참여하게 된다는 의미를 담고 있습니다.

만유는 그분이 창조하신 온 하늘과 땅을 의미하지만, 그 영적 의미는 하나님의 통치가 임하는 하나님 나라입니다. 그래서 실제로 가나안 땅이라는 지상 땅에 대한 약속은 그리스도께서 만유의 구주가 되신다는 사실에 대한 하나의 예표가 되면서 동시에 온 세상이라는 물리적 영역이 하나님의 나라가 된다는 것을 의미합니다. 더 나아가

물리적으로 그 땅을 유업으로 받는다는 사실을 넘어서 하나님의 통치가 있는 하나님 나라의 시민이 된다는 의미를 갖습니다. 이것이 히브리서 11장에 나오는 내용입니다. 히브리서 11장 13-16절 말씀을 보겠습니다.

"이 사람들은 다 믿음을 따라 죽었으며 약속을 받지 못하였으되 그것들을 멀리서 보고 환영하며 또 땅에서는 외국인과 나그네임을 증언하였으니 그들이 이같이 말하는 것은 자기들이 본향 찾는 자임을 나타냄이라 그들이 나온 바 본향을 생각하였더라면 돌아갈 기회가 있었으려니와 그들이 이제는 더 나은 본향을 사모하니 곧 하늘에 있는 것이라 이러므로 하나님이 그들의 하나님이라 일컬음 받으심을 부끄러워하지 아니하시고 그들을 위하여 한 성을 예비하셨느니라."

하나님이 그들을 위해 예비하신 한 성, 그것이 바로 그들이 돌아갈 본향입니다. 그 땅에서 그들은 나그네입니다. 가나안 땅은 그들이 임시로 거처하는 땅에 불과한 것입니다. 가나안 땅은 하나님 나라를 가리키는 것으로 여기에는 모형과 원형의 관계가 성립됩니다. 그것은 온 세상, 만유, 하늘과 땅의 모든 것을 자신이 통치하는 영역으로 삼으시는 그리스도의 왕권적 통치의 영역을 가리킵니다. 물리적인 영역을 넘어 하나님 나라의 통치가 이루어지는 곳, 바로 우리가 갈 본향을 의미하는 것입니다.

우리가 갈 본향은, 우리가 죽는다면 지금과는 구분되므로 저 세상이 되는 것이고 우리가 살아있을 때 예수님이 재림하신다면 새 나라, 곧 새 하늘과 새 땅이 이루어지는 세상일 것입니다. 동시에 알아야 할 사실이 있습니다. 하나님 나라의 통치는 역동적 개념을 가지며, 우리가 주의 말씀을 순종하여 우리 가운데 그분의 통치가 이루어질 때, 우리는 이 땅에서도 본향을 맛보고 살 수 있다는 것입니다. 이는 영생을 맛본다는 말과 같은 것입니다. 우리가 임종한 후에 우리의 영혼이 가게 될 낙원이라는 장소적 구분은 분명히 있고, 그곳을 천국이라 하며 이곳과 구별해야 하는 것은 맞습니다. 그러나 천국과 이 땅의 공통점이 한 가지 있는데, 그것은 하나님 나라의 백성 가운데 이루어지는 통치 개념이 동일하다는 것입니다. 이 통치가 우리에게는 불완전한 순종으로 이루어지는 것이고, 아직도 간구해야 할 기도 제목입니다. 그래서 주님이 가르쳐주신 기도 속에 "나라가 임하시오며"라는 내용이 나오는 것입니다. 하나님 나라의 통치가 아직도 간구의 대상인 것입니다. 그러나 우리에게 이루어지는 하나님 나라의 통치는 이미 이곳에 임한 하나님 나라를 보여줍니다. 그리고 그 통치는 내가 이 땅에 육신을 묻고 영혼이 갈 그 낙원에서 온전히 이루어질 것입니다. 내 안에 이루어지는 하나님 나라의 통치 때문에 우리는 예수 그리스도께서 재림하신 후 이루어질 온전한 하나님 나라에 속할 것을 확실히 아는 것입니다. 그때에 만유의 구주이신 주께서 온 영역을 주의 나라로 다스리실 것입니다. 그렇게 볼 때 가나안 땅은 하나님의 통치가 이루어지는 그 나라를 가리킨다고 볼 수 있습니다.

율법 vs 믿음의 의

그러므로 본문 13절에 나오는 "언약"은 한마디로 구원받는 것을 가리킵니다. "율법으로 말미암은 것이 아니요"라는 말은 무엇을 뜻할까요? 어떤 사람들은 종종 "율법으로 말미암은 것"을 의식 행위로 좁혀서 해석하고, 로마 가톨릭은 지금도 그렇게 해석합니다. 로마 가톨릭의 구원론은 율법의 행위를 굉장히 중시하기 때문입니다. 내가 율법을 얼마나 순종하는가에 따라서 그것이 자범죄의 형벌을 갚고 연옥에서 죄의 형벌을 다 받은 다음에 이루어질 구원의 실체적 근거가 된다고 주장하기 때문입니다. 로마 가톨릭에서는 "율법으로 말미암은 것이 아니요"라는 말을 "율법의 의식 행위로 말미암은 것이 아니요"라고 좁혀서 해석합니다.

그러나 16세기에 이미 그것이 잘못된 성경 해석임이 드러났습니다. 그럼에도 불구하고 "율법으로 말미암은 것"을 의식 행위로 좁혀서 해석하는 이들이 지금도 여전히 있습니다. 그들은 의롭다 함을 받는 데 율법의 도덕적 순종이 필수적이며 여전히 그것이 구원의 근거가 된다고 주장합니다. 하지만 그것은 잘못된 주장입니다. 그들이 그렇게 말하는 이유는 하나님을 믿는다고 하면서 도덕적으로 무력하고 윤리적으로 탈선한 사람들이 적지 않기 때문입니다. 이러한 현상을 지적하면서 "그것이 구원이 맞느냐? 구원은 믿음으로만 의롭다 함을 받는 것이 아니다."라고 말합니다. 그리고 "하나님의 계명에 대한 신실함으로 의롭다 함을 받는 것이다"라고 믿음 자체를 재해석하고,

그 신실함(율법과 계명에 대한 신실함)을 결국 율법의 도덕적 행위를 뜻하는 것으로 확장 해석해서 "우리가 율법의 의식 행위로는 의롭다 함을 못 받지만 율법의 계명을 지키는 신실함으로는 의롭다 함을 받는다"는 식으로 연결해 "사람이 의롭다 함을 받는 것은 믿음으로만 되는 것이 아니다"라고 결론을 내립니다.

이러한 오류는 사도 바울이 "언약은 율법으로 말미암은 것이 아니요 오직 믿음의 의로 말미암은 것이니라"라고 교훈한 13절 말씀에서 잘 드러납니다. 여기서 사도가 말하는 바는 무엇입니까? 주목해서 보시기를 바랍니다. 사도는 "언약은 율법의 의식 행위로 말미암은 것이 아니라, 율법의 도덕적 순종으로 말미암은 것이다"라고 말하고 있지 않습니다. 사도는 "언약은 오직 믿음의 의로 말미암은 것이다"라고 말합니다. 즉 율법의 행위와 믿음이 서로 대조되고 있는 것입니다. 그러면 여기 "믿음의 의"란 어떠한 것이며, 믿음은 어떠한 사실을 내용으로 갖는 것입니까? 믿음의 의와 관련한 영적 실상을 약간 설명하면 이러합니다. 성령의 은혜로 말미암아 참된 믿음을 고백하는 자는 예수 그리스도를 믿음의 내용으로 삼고 자신의 죄인 됨을 고백하면서 하나님 앞에 엎드립니다. 그는 "하나님의 전적인 긍휼이 없으면 나는 살 길이 없습니다"라고 말합니다. 그리고 하나님이 베푸신 은혜에 감사합니다. 그때 믿음을 주신 성령님은 그의 생각과 심령과 의지에 전적인 영향을 미치사 주의 계명을 사랑하고 하나님을 찬송하고 하나님께 감사하도록 그의 안에 신앙의 변화를 이루어 가십니다. 그래서 참된 믿음으로 의롭다 함을 얻은 자는 거룩함의 역사를 구원받은 증거로 갖게 됩니다.

우리의 믿음이 진실하다면, 우리는 하나님의 율법 앞에서 진노를 받을 수밖에 없는 비참한 자라는 사실을 선명하게 보면서도 그리스도의 의 때문에 용납을 받고 죄 사함을 받는 영광을 누리게 됩니다. 그리고 그 영광의 용서가 너무 감사해서 하나님 앞에 엎드릴 때에, 나의 죄를 깨닫게 하신 성령님이 하나님의 계명에 순종하고자 하는 갈망을 주시고 그것을 행할 만한 능력과 힘도 주셔서 우리 안에 성화와 선행이라는 열매를 맺어가게 하십니다. 그러나 이러한 필연성이 있다고 해서 본문 13절의 "율법으로 말미암은 것"을 율법의 신실한 순종을 뜻하는 것으로 해석하면 안 됩니다. 의롭다 함은 율법의 순종으로 인한 의가 아니라 전적인 믿음의 의로 말미암는 것입니다.

"율법으로 말미암은 것이 아니요"라는 말을 할례냐 무할례냐의 의식 행위로 해석해서는 안됩니다. 로마서 4장 4절 "일하는 자에게는 그 삯이 은혜로 여겨지지 아니하고 보수로 여겨지거니와"에서 '은혜'와 '보수'가 대조되고 있는 것에서 알 수 있듯이, 의롭다 함과 관련하여 율법을 말할 때 율법은 도덕적이든 의식법이든 모든 율법을 지켜 공로의 의를 세우는 것을 말합니다. 4절이 교훈하는 바는, 의롭다 함은 율법을 지킴으로써 받는 보수나 공로가 아니라는 것입니다. 의롭다 함은 오직 믿음으로 인한 것이기 때문입니다. "오직 믿음의 의로 말미암는다"는 말은 자격이 있어서 의를 받는 것이 아니라 자격이 없기 때문에 믿음으로 의를 받는다는 의미입니다. 즉, 의롭다 함을 받기 위한 신앙의 가장 중요한 본질은 어떻게든 우리 마음속에 있는 자기의 의와 자존심과 염치 없음을 다 내려놓아야 하는 것입니다. "도대체 나 같은 사람이 어떻게 의롭다 함을 받을 수 있을까?" 하는 마음으로 하나님 앞에 엎드릴 때 살게 됩니다. 내 안에 조금이라도 내가 살아 있으면 예수 그리스도의 의로 의롭다 함을 받을 이유가 없어집니다. 내가 죽어야 그리스도의 의가 나를 살립니다.

믿음으로 의롭다 함을 받는 것은 내가 어떤 의도 없어 죽음의 심판 아래 놓인 자임에도 의롭다 함을 받는 것을 뜻합니다. 그렇기 때문에 의롭다 함을 받는 믿음에는 "나는 죽은 자요 죄인입니다."라는 고백이 담겨 있습니다. 요컨대 자신이 전적으로 죄인이라는 완전한 자각이 필요합니다. 이 세상에서 율법에 비추어 자신을 조금이라도 의롭다고 할 자가 어디 있겠습니까? 도대체 그것이 어떻게 가능합니까? 그런 자가 있다면, 그는 자기의 부패함을 보지 못하는 것이요 그래서 자기가 살아 있다고 생각하는 것입니다. 아담과 하와의 타락 이후로 원죄 때문에 우리는 모두 죽은 자, 죄의 종노릇을 하는 자입니다. 그럼에도 불구하고 스스로 선행을 하고 있다고 주장하는 자가 있다면, 그는 하나님 앞에서 자신을 죽은 자가 아니라 산 자로 여기는 자입니다. 그런 자에게는 예수님의 공로가 필요 없습니다.

하나님이 우리에게 약속해주신 내용을 따라 지금까지 설명한 내용이 본문 14-15절에 나옵니다.

"만일 율법에 속한 자들이 상속자이면 믿음은 헛것이 되고 약속은 파기되었느니라 율법은 진노를 이루게 하나니 율법이 없는 곳에는 범법도 없느니라"(14-15절).

14절은 다시 정리하는 내용입니다. 만일 율법에 속한 자들이 상속자이고, 그 언약(구원)이 믿음으로 말미암는 것이 아니고 율법으로 말미암는 것이라면, 믿음이야말로 아무것도 아닌 것이 되고 하나님이 우리에게 주신 약속은 아무런 의미 없는 약속이 됩니다. 하지만 율법은 우리에게 능력을 주지 못합니다. 그것은 단지 무엇이 옳고 그른가를 가려내는 기준을 제시해줄 뿐입니다. 그렇기 때문에 우리는 율법 앞에서 의롭다 할 만한 어떤 근거도 우리에게서 찾을 수 없습니다. 그저 죄인이 되는 것입니다.

여기서 가톨릭은 율법 앞에서 무능력한 우리에게 하나님이 은혜를 주셔서 율법을 행할 능력을 주셨고 그 능력에 따라 순종하는 만큼 공로가 인정되어 자범죄의 형벌을 갚을 수 있게 된다고 설명합니다. 우리가 하나님의 능력을 입어서 율법을 행할 능력이 생기는 것은 맞습니다. 그런데 율법을 행할 능력이 있어서 율법을 지키더라도 우리는 율법을 온전히 지키지는 못합니다. 그리고 그것이 우리가 의롭다 함을 받는 근거가 되지 못합니다. 이것이 성경의 가르침입니다. 우리가 하나님의 은혜를 입고 능력이 생겨서 하나님의 계명을 순종할 수 있는 가능성이 열려 있지만, 그렇게 순종하는 신자의 순종도 완전한 순종은 아닙니다.

우리가 행한 율법의 순종은 우리를 의롭게 하는 근거가 되지 못합니다. 그것은 예수님으로 말미암아 의롭다 함을 받은 자가 과연 하나님의 자녀임을 보여주는 증거일 뿐입니다. 계명에 순종하는 신자다운 삶은 우리가 의롭다 함을 받는 근거가 아니라 그저 의로운 자임을 말해주는 증거인 것입니다. 율법은 우리에게 의롭다 함을 받게 해주는 의의 능력을 주지 못합니다. 따라서 율법에 순종하는 것으로 그리스도에게 속하게 되고 하나님 나라를 상속받게 된다면, 믿음의 의란 다 헛것이 되고 하나님의 약속은 파기되고 맙니다. 왜 그런 것입니까? 율법은 타락한 인간에게는 죄를 범한 것이 무엇인지 낱낱이 가려내어 진노를 더 일으키는 것 외에 다른 효용이 없기 때문입니다.

사도 바울은 율법이 우리가 마땅히 해야 할 일에 대해 교훈을 준다고 말합니다. 그러면서 "율법은 우리가 행할 일이 무엇인가 보여줄 뿐, 행할 능력을 주지 않는다. 율법은 하나님의 법정에 섰을 때 우리가 얼마나 완악하고 부패한 자들인지 드러내는 정죄의 기준이 될 뿐이다. 만일 율법을 행함으로 의롭다 함을 받는다고 한다면 하나님이 아브라함에게 주신 약속은 하나 마나 한 약속이고 하나님이 헛된 말을 하신 셈이 되는데 과연 그것이 맞느냐?"라고 되묻습니다. 본문 16절을 읽어보겠습니다.

"그러므로 상속자가 되는 그것이 은혜에 속하기 위하여 믿음으로 되나니 이는 그 약속을 그 모든 후손에게 굳게 하려 하심이라 율법에 속한 자에게뿐만 아니라 아브라함의 믿음에 속한 자에게도 그러하니 아브라함은 우리 모든 사람의 조상이라"(16절).

이 구절은 "율법의 행위로 되면 은혜가 아니다. 믿음으로 받을 수 있어야만 은혜인 것이다."라는 논증입니다. 더 풀어서 말하자면 이렇습니다. "하나님의 나라가 율법의 행위로 주어지느냐? 그럼 그것은 은혜가 아니다. 그렇다면 하나님의 나라가 믿음으로 주어지느냐? 그렇다. 그것이 바로 은혜다. 그러므로 하나님의 나라를 은혜로 받는 방식은 딱 하나밖에 없다. 믿음뿐이다" 그 믿음은 하나님의 나라를 받는 근거가 아니고, 하나님의 나라를 받는 방식입니다. 그래서 그렇게 될 때에 "아브라함의 믿음에 속한 자와 율법에 속한 자에게 그러하니 아브라함은 우리 모든 사람의 조상이라"라는 말씀이 주어지는 것입니다. 그렇다면 "율법에 속한 자"는 누구를 가리키는 말입니까? 다시 앞서 본 11-12절 말씀과 연결해서 보겠습니다.

"그가 할례의 표를 받은 것은 무할례시에 믿음으로 된 의를 인친 것이니 이는 무할례자로서 믿는 모든 자의 조상이 되어 그들도 의로 여기심을 얻게 하려 하심이라 또한 할례자의 조상이 되었나니 곧 할례 받을 자에게뿐 아니라 우리 조상 아브라함이 무할례시에 가졌던 믿음의 자취를 따르는 자들에게도 그러하니라."

11절은 아브라함이 무할례시에 믿음으로 의롭다 함을 받았으니 할례를 받지 않은 이방인들도 아브라함을 따라 의롭다 함을 받게 된다는 것을 말합니다. 따라서 11절은 16절에서 말하는 "아브라함의 믿음에 속한 자"를 말합니다. 반면에 12절의 "할례 받을 자에게뿐 아니라 우리 조상 아브라함이 무할례시에 가졌던 믿음의 자취를 따르는 자들"은 할례받은 유대인들 가운데서 아브라함과 같은 믿음을 가진 자를 뜻합니다. 바로 이런 자들이 16절에서 말하는 "율법에 속한 자"입니다. 따라서 16절은 11절의 '무할례자로서 믿는 모든 이방인' 과 12절의 '할례자로서 믿는 모든 유대인'을 포함하여, "아브라함은 우리 (믿는) 모든 사람의 조상이다"라고 진술을 매듭짓고 있습니다.

본문의 마지막 17절을 보겠습니다.

"기록된 바 내가 너를 많은 민족의 조상으로 세웠다 하심과 같으니 그가 믿은 바 하나님은 죽은 자를 살리시며 없는 것을 있는 것으로 부르시는 이시니라."

"죽은 자를 살리시며 없는 것을 있는 것으로 부르시는 이"라는 표현은 아브라함이 믿음으로 의롭다 함을 받은 창세기 15장의 설명입니다. 그는 생식의 능력이 없게 되었을 때, "하나님, 도대체 제 후사가 누구입니까? 우리 집에 있는 엘리에셀입니까?"라고 물었고, 하나님은 그의 물음에 "아니다. 네 몸에서 날 자니라."라고 말씀하셨습니다. 그때 아브라함이 죽은 자를 살리시고 없는 것을 있는 것으로 부르시는 하나님의 능력을 믿지 않았다면, "어떻게 제 몸에서 날 자가 후사가 될 수 있겠습니까? 제가 그 말을 어떻게 믿습니까?"라고 따졌을 것입니다. 그러나 아브라함은 그것을 믿었습니다. 그러므로 하나님이 그를 의롭다 하시고 많은 민족의 조상으로 세우신 것입니다.

의롭다 함은 믿음으로 받는 것입니다. 그렇다면 우리는 무엇을 믿어야 할까요? 예수 그리스도를 믿으면 죽은 자인 우리도 산다는 사실을 믿어야 합니다. 하나님은 우리가 율법의 정죄를 받아 죽은 자라는 사실을 깨우쳐주십니다. 그래서 우리는 "하나님, 제게는 의가 없습니다. 저는 죽은 자요, 마귀의 종노릇을 하는 자입니다"라고 고백합니다. 그리고 하나님 앞에서 죄로 인해 죽은 자를 살리시는 그분을 믿겠다고 고백합니다. 하나님은 어떤 죄인도 살리십니다. 그러므로 하나님을 믿으면 구원받지 못할 사람이 없습니다. 인간으로서는 용서받을 수 없는 큰 죄를 범한 죄인도 아브라함이 바랄 수 없는 중에 바라고 믿은 것처럼 죽은 자를 살리시는 그분이 우리를 살리실 것이라 믿으면 하나님의 능력과 선하심으로 살게 됩니다. 의롭다 함을 받고 천국 백성이 되는 것입니다. 또한 이 땅 가운데 살면서 하나님 나라의 통치도 체험하게 됩니다. 삭개오, 십자가의 강도, 다윗이 그러한 예입니다. 또한 하나님은 죽은 나사로를 다시 살리신 사건을 통해 훗날 그와 같은 능력으로 우리를 영적으로 부활시키실 것이라는 사실을 보여주셨습니다.

우리가 바로 바랄 수 없는 중에 바라고 믿음으로 구원받은 사람입니다. 그리고 구원은 전적인 은혜로 받는 것입니다. 이 사실을 감사함으로 의심 없이 잘 깨닫고 받아들이기를 주의 이름으로 축복합니다.

22. 아브라함과 동일한 믿음

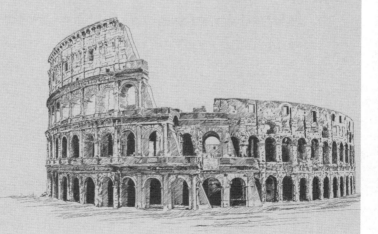

아브라함이 바랄 수 없는 중에 바라고 믿었으니 이는 네 후손이 이같으
리라 하신 말씀대로 많은 민족의 조상이 되게 하려 하심이라. 그가 백
세나 되어 자기 몸이 죽은 것 같고 사라의 태가 죽은 것 같음을 알고도
믿음이 약하여지지 아니하고, 믿음이 없어 하나님의 약속을 의심하지
않고, 믿음으로 견고하여져서 하나님께 영광을 돌리며 약속하신 그것
을 또한 능히 이루실 줄을 확신하였으니 그러므로 그것이 그에게 의로
여겨졌느니라. 그에게 의로 여겨졌다 기록된 것은 아브라함만 위한 것
이 아니요, 의로 여기심을 받을 우리도 위함이니, 곧 예수 우리 주를 죽
은 자 가운데서 살리신 이를 믿는 자니라. 예수는 우리가 범죄한 것 때
문에 내줌이 되고 또한 우리를 의롭다 하시기 위하여 살아나셨느니라.

로마서 4:18-25

믿음의 조상, 열국의 아비

사람들은 종종 "이스라엘 백성과 우리가 도대체 무슨 상관이 있는가? 왜 우리가 이스라엘 백성이 믿는 하나님을 믿어야 하는가? 예수 그리스도를 우리의 구주로 믿는 것이 말이 되는가?"라는 이유를 들어 기독교 신앙에 대해 반론합니다. 심지어 일부 신자들도 이런 생각을 합니다. "구약 성도들이 우리와 도대체 무슨 상관이 있는가? 예수 그리스도가 오시기 전에 모세의 율법 아래 있었던 유대인들이 그리스도가 오신 이후를 살아가는 우리와 도대체 무슨 관계가 있는가?" 더 넓게는 "이스라엘의 하나님이라고 외치던 구약 시대의 그 믿음을 이방인인 우리가 도대체 왜 따라가야 하는가?"라고 물어볼 수도 있습니다.

그 모든 질문에 대한 결정적인 한 가지 답이 본문에 나옵니다. 그것은 바로 '아브라함'입니다. 18절을 보겠습니다.

"아브라함이 바랄 수 없는 중에 바라고 믿었으니 이는 네 후손이 이같으리라 하신 말씀대로 많은 민족의 조상이 되게 하려 하심이라."

"많은 민족의 조상"을 다르게 표현하면 '열국의 아비'입니다. 하나님은 아브람에게 '아브라함'이라는 이름을 주시면서 '열국의 아비'라는 뜻을 갖게 하셨습니다. 본래는 아브람이었는데 아브라함이 되면서 그가 더 이상 개인적인 이름을 가진 자가 아니요, 열국의 아비로서 특별한 은혜를 입을 것을 주님이 선언하시고 약속하셨습니다. 결국 하나님이 그에게 그런 이름을 주신 까닭이 무엇인지 살펴보면 앞서 우리가 던졌던 질문들에 대한 답을 분명히 얻을 수 있습니다.

따라서 우리는 본문을 통해 믿음의 조상인 아브라함이 열국의 아비라는 이름을 갖게 된 것이 어떤 의미를 갖는지 살펴보며, 과연 오늘 우리가 예수님을 믿는 것과 아브라함이 하나님의 약속을 믿은 것이 어떤 공통성을 갖는지 보고, 그로써 결국 우리가 같은 믿음 아래서 구원을 받은 자라는 사실을 확인할 것입니다. 아브라함의 시대를 B.C. 2000년 이전으로 보니까 그때와 지금의 우리는 무려 4,000년이 넘는 간격이 있습니다. 그러나 아브라함과 우리가 같은 믿음으로 하나님의 작정 아래 선택받은 백성의 무리 속에 들어가 있다는 사실을 은혜로 깨달으시기를 바랍니다.

창세기 17장에서 주님은 아브람에게 열국의 아비, 아브라함이라는 이름을 주셨습니다. 창세기 17장 4-5절을 보겠습니다.

"보라 내 언약이 너와 함께 있으니 너는 여러 민족의 아버지가 될지라 이
제 후로는 네 이름을 아브람이라 하지 아니하고 아브라함이라 하리니 이
는 내가 너를 여러 민족의 아버지가 되게 함이니라."

이 말씀대로 아브라함은 여러 민족의 아버지가 됩니다. 우리는
여러 민족에 속한 자들이므로 결국 아브라함은 우리의 아버지가 됩
니다. 그런데 도대체 아브라함이 우리와 무슨 상관이 있기에 그가 우
리의 아버지가 되는 것입니까? 영적인 개념이 아니면 도저히 설명이
불가능한 말입니다. 혈통상 우리는 아브라함과 아무 관계가 없기 때
문입니다. 이 말의 의미를 풀어주는 것이 갈라디아서 3장 6-7절 말
씀입니다.

"아브라함이 하나님을 믿으매 그것을 그에게 의로 정하셨다 함과 같으니
라 그런즉 믿음으로 말미암은 자들은 아브라함의 자손인 줄 알지어다."

결국 아브라함이 열국의 아비가 된 것은 한 가지, '믿음' 때문입니
다. 그러면 이제 우리는 "아브라함의 믿음이 어떠한 성질을 가진 것
이기에 우리가 믿을 때에 아브라함이 우리의 영적 조상이 되고 우리
는 아브라함의 영적 자손이 될 수 있는 것인가? 아브라함의 믿음과
우리의 믿음이 어떠한 것이기에 그렇게 될 수 있는 것인가?"라는 문
제를 다루어야 합니다.

바랄 수 없는 중에 바라고 믿은 믿음

성경은 아브라함이 열국의 아비가 될 것이라는 약속이 성취되어 모든 믿는 자는 아브라함의 후손이 된다고 선언하였습니다. 그렇다면 그와 우리 사이에는 어떤 관계의 요소가 있어야 하는데 그것이 바로 '믿음'입니다. 그러면 그와 우리의 믿음이 무슨 상관이 있기에 그가 우리의 믿음의 조상이라 할 수 있는 것입니까? 만일 그와 우리의 믿음의 성질이 다르다면, 그 믿음이 아브라함과 우리를 연결하지 못하고 곧 아브라함은 우리의 조상이 될 수 없습니다.

본문은 아주 중요한 사실을 말해줍니다. 그것은 나의 믿음이 과연 구원받고 의롭다 함을 받기에 합당한 믿음인지 분별하고 판단하는 데 중요한 믿음의 요소를 아브라함을 통해 배워야 한다는 것입니다. 아브라함이 믿음의 조상이 되었다면 우리의 믿음도 그와 같아야 합니다. 그렇지 않으면 우리의 믿음은 헛되고 잘못된 믿음이요, 문제가 있는 믿음입니다. 그 결과 아브라함의 믿음의 자손이 될 수도 없고, 하나님과도 상관이 없어지는 것입니다. 그러므로 아브라함의 믿음의 성격을 보는 것은 아주 중요한 부분입니다. 로마서 4장 18절 말씀을 보겠습니다.

"아브라함이 바랄 수 없는 중에 바라고 믿었으니 이는 네 후손이 이같으리라 하신 말씀대로 많은 민족의 조상이 되게 하려 하심이라."

이 구절을 살펴보면, 많은 민족의 조상이 되게 하시려고 아브라함이 바랄 수 없는 중에서 바라고 믿었다는 것입니다. 따라서 "아브라함이 많은 민족의 조상이 된 그 믿음은 도대체 어떤 믿음인가?"에 대한 답은 "바랄 수 없는 중에 바라고 믿은 믿음이다"라고 말할 수 있습니다. 따라서 아브라함의 믿음의 후손인 모든 사람의 믿음도 바랄 수 없는 중에 바라고 믿는 믿음이어야 합니다. 그렇지 않다면 우리의 믿음은 아브라함의 믿음과 다른 믿음입니다.

"바랄 수 없는 중에"는 무슨 뜻입니까? 아무리 생각해도 불가능한 상황을 전제합니다. "아니, 저 사람도 예수가 재림할 것을 믿는 사람이네. 예수의 재림을 믿는다니 그게 말이 되나? 저 사람들은 예수가 부활한 것을 믿어. 그게 말이 되냐고." 바랄 수 없는 것을 믿는다는 것은 이와 같은 사실을 의미합니다. 우리는 보이지 않는 하나님을 믿습니다. 그분은 우리의 눈에 안 보이지만 살아 역사하십니다. 보이지 않는 하나님이 살아 역사하신다는 것을 안다는 것은 말이 되지 않는 것 같습니다. 보이지 않는 하나님이 역사를 다스려 가시는 섭리를 우리가 어떻게 파악하고 잘 알 수 있겠습니까? 우리는 그렇게 하지 못합니다.

교회사를 통해 역사하시는 하나님의 섭리에 대해서도 명확한 해석을 제시하는 일은 어렵습니다. 많은 사람이 6.25 사변을 일제 시대 때 신사 참배한 한국 교회를 심판하시는 하나님의 섭리라고 해석했습니다. 그들은 우상숭배를 한 교회가 제대로 회개를 하지 않으니 하나님이 그 교회를 새롭게 하시기 위해 민족 상쟁을 주신 것이라고 말하면서 6.25라는 한국전쟁의 역사적 의의를 교회사적 시각으로 해석했습니다. 그럴듯해 보이지만 아무도 그것이 맞다고 말할 수 없습니다. 하나님의 섭리는 알 수 없는 것이기 때문입니다. 따라서 객관적 권위로 모든 교회를 향하여 그 해석을 믿으라고 말할 수 없습니다. 그것은 계시적 권위가 있어야 가능한 것이지, 어느 한 사람이나 신학자가 풀어내는 것이 아닙니다.

이렇듯 우리는 하나님의 역사와 섭리를 다 알지 못하고, 이해하지 못할 때가 많습니다. 그런데 어떻게 우리가 우여곡절을 겪는 인생길에서 하나님의 인도하심을 명확히 헤아려 알 수 있겠습니까? 다른 사람들이 "당신이 믿는 하나님이 살아 계시다면 어떻게 하나님이 당신에게 그러실 수 있는가?"라고 묻거나 조롱할 때에라도, 바라는 바가 이루어질 가능성이 없을 때에라도 여전히 바라고 믿는 것, 그것이 '믿음'입니다. 바랄 수 없는 가운데 바라고 있었다는 말은 불가능하기 때문에 믿을 만한 합리적인 이유가 없는 것을 의미합니다. 그럼에도 어떤 상황이든지 믿고 나가는 것이 아브라함의 믿음입니다. 우리도 그렇게 믿는 자들이며 그로써 같은 믿음 안에서 아브라함은 우리의 조상이요, 우리는 아브라함의 자손이 되는 것입니다.

여러분, 사도 바울이 성경을 쓸 당시의 기독교를 떠올려보세요. 예수님은 열두 제자를 남기셨는데 하나가 배신을 했습니다. 메시아이신 예수님께서 십자가에서 돌아가시고 부활하셨으나, 그렇다고 해서 세상이 바뀐 모습으로 나타나시지는 않았습니다. 예를 들어, 로마 황제가 회개하고 예수님을 따르는 일은 없었습니다. 이후에 예수님이 승천하셨는데 그것을 목도한 제자들은 몇 명뿐이었습니다. 그리고 오순절 성령 강림이 있은 그날에 엄청난 사건이 일어나서 교회가 세워지고 날마다 회개하여 그 수가 3천이나 더해졌다고 하지만, 그후 예수 그리스도의 복음과 교회를 향한 박해가 그친 것도 아니었습니다. 그리스도의 부활 승천 이후 300년 동안 역사 속에서 하나님의 주권성과 능력은 사람들이 보기를 바랐던 만큼 힘 있게 드러나지 않았습니다. 믿음을 지키려면 순교하거나 카타콤으로 들어가야 했습니다. 얼마나 오랫동안 믿음의 인고가 있었는지 생각해보세요.

당시 세상적으로 볼 때 돈도 없고 권력도 없고 학문 세계가 자랑할 만한 뛰어난 학자가 있는 것도 아닌데 무엇으로 기독교의 진리 됨을 증거하겠습니까? 그런데 그들은 그러한 상황에서도 진리인 그리스도의 복음을 놓지 않고 붙들었습니다. 하나님이 자기들과 함께하신다는 사실과 복음의 진리에 대해 의심하지 않았던 것입니다. 그들은 유대인들, 헬라인들, 로마인들, 주변의 이방인들에게 배척받았습니다. 그러나 소수의 무리가 끝까지 믿음을 지켰습니다. 300년 동안 지킨 믿음은 어떤 것이었습니까? 바랄 수 없는 가운데 바라고 믿는 믿음이었습니다. 그들은 하나님이 무언가를 하실 거라는 기대를 할 수 없는 상황에도 "하나님은 살아 계신 역사의 주관자이시다. 그분은 우리를 끝까지 긍휼히 여기신다. 이 인생을 마치고 나면 우리는 그분의 품에 안길 것이다."라는 믿음을 가졌습니다. 아브라함과 다윗이 그런 믿음의 사람이었고, 성경을 그대로 믿고 나아갔던 사람들의 믿음도 모두 아브라함의 믿음과 다를 것이 없는 믿음이었습니다.

본문에서 사도 바울은 아브라함의 믿음에 대해 우리에게 명확하게 논증해줍니다. 창세기 15장을 보면 아브라함이 바랄 수 없는 가운데 바라고 믿었다고 나오는데, 도대체 아브라함은 무엇을 믿은 것입니까? 그에 대한 답으로 두 가지가 있는데 하나는 15장이요, 하나는 17장에 나옵니다. 먼저 15장 2-3절을 보겠습니다.

"아브람이 이르되 주 여호와여 무엇을 내게 주시려 하나이까 나는 자식이 없사오니 나의 상속자는 이 다메섹 사람 엘리에셀이니이다 아브람이 또 이르되 주께서 내게 씨를 주지 아니하셨으니 내 집에서 길린 자가 내 상속자가 될 것이니이다."

아브라함의 이 말은 하나님을 부인한 것이 아닙니다. 하나님이 주시겠다는 후사에 대한 약속을 자기 나름대로 합리적으로 해석하여 자기의 믿음을 나타내 보이고 있는 것입니다. 이어서 4-5절을 보겠습니다.

"여호와의 말씀이 그에게 임하여 이르시되 그 사람이 네 상속자가 아니라 네 몸에서 날 자가 네 상속자가 되리라 하시고 그를 이끌고 밖으로 나가 이르시되 하늘을 우러러 뭇별을 셀 수 있나 보라 또 그에게 이르시되 네 자손이 이와 같으리라."

사실 이런 엄청난 약속이 진실할 수 있을까요? 당시 85세인 노인이 아무리 기다려도 자식이 생기지 않자 결국 자기 믿음을 붙잡기 위해 하나님의 신실하심을 믿고 생각한 방법을 내놓았는데, 하나님은 오히려 그를 밖으로 끌고 가서 별을 보게 하십니다. 다시 말해, 아브라함이 "하나님! 우리 집의 엘리에셀이 제 후사가 될 겁니다"라고 하니까 하나님이 "아니다. 그렇게 생각하지 말라. 네 몸에서 날 자가 후사가 될 것이다. 이리 와서 저 별들을 보아라. 네 후손이 이렇게 많아질 것이다."라고 하시는 것입니다. 그리고 아브라함은 하나님의 말씀을 그대로 믿습니다. 아브라함이 그것을 믿었기에, 하나님은 그를 '의롭다' 하십니다. 하나님의 말씀이라서 '아니, 이런, 도무지'와 같은 생각을 버려 두고 그대로 믿은 것입니다. 로마서 4장 20절에는 이렇게 나와 있습니다.

"믿음이 없어 하나님의 약속을 의심하지 않고 믿음으로 견고하여져서 하나님께 영광을 돌리며."

아브라함은 바랄 수 없는 상황 중에도 다시 한 번 말씀하신 그 약속을 그대로 믿은 것입니다. 그런데 창세기 16장에서 아브라함은 하갈을 통해 이스마엘을 얻게 됩니다. 사실 이 일은 사래가 아브라함을 설득해서 벌어진 일이었습니다. 그녀는 스스로 아이를 낳을 수 있는 소망이 없는데 하나님이 아브라함의 몸에서 날 자라고 약속하셨으니 시종 하갈을 떠올린 것입니다. 이것은 사래가 자기 나름대로 믿음 안에서 합리적인 생각을 찾은 것이었습니다.

그래서 아브라함이 하갈을 통해 자식을 낳습니다. 그런데 다시 아브라함은 이스마엘이 얼마나 사랑스러웠을까요? 비록 사래가 아니요 하갈을 통해 낳은 아이지만, 86세에 아들을 보니 그 기쁨이 얼마나 컸겠습니까? 그러나 하갈이 아들을 낳은 후 사래를 멸시했고, 이에 하갈은 사래의 노여움을 사게 됩니다. 결국 하갈은 사래의 학대를 받게 되고, 도망을 치게 됩니다. 이후에 하나님께서 하갈을 여주인 사래에게 돌아가도록 하셔서 하갈은 다시 돌아오게 되지만, 이 과정 가운데 아브라함은 마음에 많은 고통이 있었을 것입니다. 그러면서 "하나님께서는 어찌 자식을 주지 않으시는가?"라며 질문과 의심을 가졌을 것입니다. 그리고 14년이 흘러 아브라함이 99세가 되었을 때, 하나님이 다시 한 번 아브라함에게 나타나십니다. 창세기 17장 1-2절을 보겠습니다.

"아브람이 구십구 세 때에 여호와께서 아브람에게 나타나서 그에게 이르시되 나는 전능한 하나님이라 너는 내 앞에서 행하여 완전하라 내가 내 언약을 나와 너 사이에 두어 너를 크게 번성하게 하리라 하시니."

아브라함은 이스마엘을 통해 이 번성의 약속이 이루어질 것이라 생각했을 것입니다. 그런데 15-16절에서 하나님은 이렇게 말씀하십니다.

"하나님이 또 아브라함에게 이르시되 네 아내 사래는 이름을 사래라 하지 말고 사라라 하라 내가 그에게 복을 주어 그가 네게 아들을 낳아 주게 하며 내가 그에게 복을 주어 그를 여러 민족의 어머니가 되게 하리니 민족의 여러 왕이 그에게서 나리라."

네 몸에서 날 자뿐만 아니라 사라의 몸에서 날 자라야 된다고 다시 한 번 말씀을 주시는 것입니다. 이 말을 듣고 아브라함은 기뻤을까요? 아무래도 안 될 것 같으니까 하갈에게서 자식을 본 건데, 이스마엘이 아니라 사라에게서 날 자라고 하시니 그는 이렇게 반응했습니다. 17-18절을 보겠습니다.

"아브라함이 엎드려 웃으며 마음속으로 이르되 백 세 된 사람이 어찌 자식을 낳을까 사라는 구십 세니 어찌 출산하리요 하고 아브라함이 이에 하나님께 아뢰되 이스마엘이나 하나님 앞에 살기를 원하나이다."

아브라함의 겸손하고 점잖은 이 표현은 불신앙적 반응이 있다는 생각이 들 정도입니다. 그는 계속해서 하나님과 대화를 나눕니다. "하나님, 지금 무슨 말씀이십니까? 사라는 이미 태의 문이 닫혔습니다. 저에게는 이스마엘이 있습니다. 이스마엘이나 하나님 앞에서 살았으면 좋겠습니다." 그러자 하나님은 이렇게 말씀하십니다. 19-21절을 보겠습니다.

"하나님이 이르시되 아니라 네 아내 사라가 네게 아들을 낳으리니 너는 그 이름을 이삭이라 하라 내가 그와 내 언약을 세우리니 그의 후손에게 영원한 언약이 되리라 이스마엘에 대하여는 내가 네 말을 들었나니 내가 그에게 복을 주어 그를 매우 크게 생육하고 번성하게 할지라 그가 열두 두령을 낳으리니 내가 그를 큰 나라가 되게 하려니와 내 언약은 내가 내년 이 시기에 사라가 네게 낳을 이삭과 세우리라."

하나님은 아브라함의 몸에서 날 자가 큰 민족을 이룰 것이라는 그 약속의 말씀대로, 이스마엘도 아브라함의 몸에서 난 자이므로 그에게도 약속의 성취를 베풀겠다고 말씀하십니다. 그러나 가나안 땅을 기업으로 받고 하늘의 별과 바닷가의 모래처럼 많아질 거라고 했던 후손은 사라의 몸에서 날 자, 곧 이삭을 통해 이루겠다고 말씀하십니다. 이것은 갈라디아서에서 설명하듯이 육적 혈통에 따른 후손이 아니라 약속을 통한 영적 후손을 말씀하시는 것입니다. 네 몸에서 날 자요 동시에 사라의 몸에서 날 자라고 말씀하신 그 약속에 따라 난 자식인 이삭을 통해 올 사람이 약속의 자손이니, 곧 영적 의미를 갖는 것으로 해석할 수 있는 것입니다.

이 말에 대해 아브라함은 어떤 신앙을 가졌습니까? 로마서 4장에서 사도 바울은 이것을 분명히 말해줍니다. 본문 18-19절을 보겠습니다.

"아브라함이 바랄 수 없는 중에 바라고 믿었으니 이는 네 후손이 이같으리라 하신 말씀대로 많은 민족의 조상이 되게 하려 하심이라 그가 백 세나 되어 자기 몸이 죽은 것 같고 사라의 태가 죽은 것 같음을 알고도 믿음이 약하여지지 아니하고."

창세기 내용을 가만히 살펴보면 하나님의 약속에 대한 아브라함의 믿음에는 두 가지 특성이 있습니다. 하나는, 하나님의 약속의 신실성으로 하나님은 반드시 약속을 지키시는 분임을 굳게 믿는 것입니다. 바로 20절이 약속의 신실성을 보여줍니다.

"믿음이 없어 하나님의 약속을 의심하지 않고 믿음으로 견고하여져서 하나님께 영광을 돌리며."

다른 하나는, 하나님의 전능하심을 굳게 믿는 것입니다. 그 다음 21절이 하나님의 전능성을 보여줍니다.

"약속하신 그것을 또한 능히 이루실 줄을 확신하였으니."

즉, 하나님은 말씀하신 바를 그대로 이루실 만한 분이라는 것입니다. 이어서 22-24절을 보겠습니다.

"그러므로 그것이 그에게 의로 여겨졌느니라 그에게 의로 여겨졌다 기록된 것은 아브라함만 위한 것이 아니요 의로 여기심을 받을 우리도 위함이니 곧 예수 우리 주를 죽은 자 가운데서 살리신 이를 믿는 자니라."

즉, 그것이 아브라함에게 의로 여겨지고 의로 여기심을 받을 우리도 위함이니, 우리의 믿음은 아브라함의 믿음과 같은 특성을 가져야 합니다. 즉, 하나님의 약속의 신실성과 하나님이 약속을 이루실 전능한 분임을 믿어야 하는 것입니다. 그러면 "이 두 가지 특성은 우리의 믿음 가운데 어떻게 드러나는 것입니까?"라는 의문이 생기는데, 그에 대한 답이 24-25절에 나옵니다.

"의로 여기심을 받을 우리도 위함이니 곧 예수 우리 주를 죽은 자 가운데서 살리신 이를 믿는 자니라 예수는 우리가 범죄한 것 때문에 내줌이 되고 또한 우리를 의롭다 하시기 위하여 살아나셨느니라."

하나님의 약속은 메시아를 보내시겠다는 것입니다. 구원을 향한 하나님의 약속은 창세기 3장 15절부터 시작됩니다.

"내가 너로 여자와 원수가 되게 하고 네 후손도 여자의 후손과 원수가 되게 하리니 여자의 후손은 네 머리를 상하게 할 것이요 너는 그의 발꿈치를 상하게 할 것이니라 하시고."

원수를 궤멸하고 타락한 아담의 후손 가운데 택하신 백성을 구원할 것에 대한 약속을 주십니다. 말씀에 나오는 "여자의 후손"은 메시아에 대한 약속입니다. 이 약속에 대한 확인과 이 약속을 믿은 성도의 마땅한 반응이 구약 전체에 나옵니다. "때가 차매 메시아가 이 땅에 오셨다. 그러니 너희도 그를 믿으라."라는 것이 세례 요한의 메시지이고, 예수님이 계셨던 그 당시가 천국이 이 땅에 임한다는 메시지의 실제적인 사건입니다. 예수님은 이 땅에 오셔서 자신은 죽을 것이나 우리의 죄를 사할 것이라고 약속하셨고, 그분의 죽음이 죄 때문이 아니라 우리를 의롭게 하시기 위한 것임을 천명하셨습니다. 이 땅에 오신 예수님이 행하신 모든 일을 믿고 그분이 부활 승천하신 것과 다시 오실 것을 믿는 것은 구약과 신약 성경 전체를 꿰뚫고 있는 메시아 약속에 대한 하나님의 신실성을 믿는 것이고, 언약은 반드시 이루어진다는 사실을 확고히 믿는 것이며, 믿는 자인 우리도 죽을 것이나 반드시 부활할 것임을 믿는 것이요, 이 세상이 새로워질 그때를 믿는 것입니다. 그것은 하나님의 약속에 대한 절대적인 신뢰요, 그 약속을 이루실 하나님의 전능성에 대한 확실한 신뢰입니다.

사도행전에 나와 있는 베드로와 바울의 설교는 비슷한 내용을 전합니다. 사도행전 13장에는 사도 바울의 설교가 세 번 나오는데 먼저 26-27절을 보겠습니다.

"형제들아 아브라함의 후손과 너희 중 하나님을 경외하는 사람들아 이 구원의 말씀을 우리에게 보내셨거늘 예루살렘에 사는 자들과 그들 관리들이 예수와 및 안식일마다 외우는 바 선지자들의 말을 알지 못하므로 예수를 정죄하여 선지자들의 말을 응하게 하였도다."

이 말씀은 예수님의 죽으심을 이야기하는 것입니다. 그런데 이것은 29절에 나온 것처럼 "성경에 그를 가리켜 기록한 말씀을 다 응하게 한 것"입니다. 그리고 30절에서 "하나님이 죽은 자 가운데서 그를 살리신지라"라고 말합니다. 이는 성경에 기록한 말을 이루신 하나님의 말씀의 신실성을 나타냅니다. 32-33절에서는 하나님의 신실성과 전능성에 대해 다시 한 번 말합니다.

"우리도 조상들에게 주신 약속을 너희에게 전파하노니 곧 하나님이 예수를 일으키사 우리 자녀들에게 이 약속을 이루게 하셨다 함이라 시편 둘째 편에 기록한 바와 같이 너는 내 아들이라 오늘 너를 낳았다 하셨고."

이어지는 "다윗의 거룩하고 미쁜 은사를 너희에게 주리라 하셨으며"라는 말씀은 이사야 55장 3절의 약속의 성취입니다. 35절의 "또 다른 시편에 일렀으되 주의 거룩한 자로 썩음을 당하지 않게 하시리라"라는 말씀은 시편 16편 10절의 약속의 성취입니다. 다윗이 쓴 시편 16편 말씀은 다윗 자신이 아니라 그의 후사인 예수 그리스도의 부활을 예언한 것입니다. 동시에 그 그리스도를 믿는 자마다 부활할 것을 다윗도 믿어 자신의 부활을 바라본 이중적 예언이 그 속에 있습니다. 이어서 38-39절을 보겠습니다.

"그러므로 형제들아 너희가 알 것은 이 사람을 힘입어 죄 사함을 너희에게 전하는 이것이며 또 모세의 율법으로 너희가 의롭다 하심을 얻지 못하던 모든 일에도 이 사람을 힘입어 믿는 자마다 의롭다 하심을 얻는 이것이라."

말씀을 풀어보면 이런 내용입니다. "형제들아, 하나님의 약속의 신실성과 그분이 행하신 능력을 믿으라. 너희가 그분을 믿으면 약속대로 죄 사함이 이루어질 것이다. 모세의 율법과 너희의 행함이나 도덕으로 의롭다고 하지 못하는 모든 죄책에도 불구하고, 그분을 믿으면 믿는 자마다 의롭게 되는 약속이 이루어질 것이다. 그러므로 그분을 믿으라." 이것이 복음입니다.

결국 복음은 성경에 약속된 대로 메시아가 이 땅에 오셨다는 사실, 죽으시고 다시 사셨다는 사실, 부활 승천하시고 오늘도 우리를 위하여 중보하신다는 사실, 약속대로 다시 오실 것이라는 사실을 굳게 믿을 때, 율법으로는 받지 못하는 죄 사함의 은총과 의롭다 함의 놀라운 은혜를 입고 구원을 얻는다는 것을 증언합니다. 우리의 믿음도 하나님의 약속에 대한 신실성과 그분이 행하시는 능력의 전능성을 믿는 믿음이어야 합니다. 우리의 믿음의 특성은 아브라함이 창세기 15장 17절에서 보여준 믿음과 동일해야 합니다. 그 믿음은 세상 사람들이 "예수를 믿는다고 무슨 소용이 있겠나?"라고 말해도, 바랄 수 없는 중에 바라고 믿는 믿음입니다. 하나님이 약속하신 말씀이니 신실하게 이루실 것임을 믿는 것입니다. 그것이 핵심입니다.

아브라함은 85세에 하나님께 받은 그 약속을 믿었고, 99세가 되어 겨우 얻은 이스마엘에 소망을 두고 사는데 그때 하나님이 "이스마엘이 아니라 사라에게서 날 자이다"라고 말씀하신 약속도 믿었습니다. 로마서 4장 17절에 나온 것처럼 말씀대로 이루실 분임을 믿은 것입니다.

"기록된 바 내가 너를 많은 민족의 조상으로 세웠다 하심과 같으니 그가 믿은 바 하나님은 죽은 자를 살리시며 없는 것을 있는 것으로 부르시는 이시니라."

하나님은 죽은 자를 살리시는 하나님이요, 없는 것을 있는 것으로 부르시는 이시니, 이 세상 만물도 하나님이 만드심으로 있게 된 것입니다. 그분은 그런 능력으로 우리를 불러 구원의 은혜를 베푸십니다. 바로 이 믿음을 가진 자는 모두 생명을 얻게 됩니다. 하지만 이 믿음을 조롱하는 자는 다 자기의 죗값대로 멸망하게 됩니다.

그런데 이 세상에는 믿지 않는 사람이 훨씬 많습니다. 그래서 "정말로 하나님이 선하시고 예수 그리스도가 사랑이라면 왜 많은 사람들이 복음을 못 듣고 죽으며, 복음을 들은 사람도 믿지 못하고, 멸망하는 사람이 그렇게 많을 수 있는가? 소수의 기독교인만 구원받는, 그렇게 배타적인 구원의 복음이 말이 되는가? 하나님이 정말로 그러실 수 있는가? 나는 그런 복음을 믿을 수 없네."라고 주장하는 사람도 있습니다. 하지만 이 자체는 구원의 논증이 아닙니다. 또한 합리성에 기초하여 "하나님이 선하시고 예수님이 사랑이라면 모든 사람을 구원해야 되는 거 아닌가? 짧은 인생을 살며 지은 죗값 때문에 영원한 형벌을 내린다는 것은 말이 안 되지"라고 주장하기도 합니다.

그런데 어떤 형태로든 그것은 전부 하나님이 약속하신 말씀을 따라간 것이 아닙니다. 그저 자신이 생각한 구원관과 신관에 근거한 잘못된 문제제기에 불과합니다. 경험과 합리성을 기초로 복음을 부인하며 자신의 불신앙을 정당화하는 죄를 범하는 것입니다. 그러한 사람은 구원을 받지 못합니다. 우리의 믿음은 바랄 수 없는 가운데 바라고 믿는 믿음이어야 하기 때문에 그렇습니다. 여러분 가운데 예수 그리스도의 죄 사함의 은혜를 믿고 부활을 믿는다면, 그 믿음은 바랄 수 없는 중에 바라고 믿었던 아브라함과 동일한 믿음이요 여러분이 만든 것이 아니라 하나님이 여러분에게 선물로 주신 것입니다. 이제 그 은혜를 기억하며 깊이 감사하는 마음을 갖고 찬양하는 믿음의 삶을 살아가기를 바랍니다.